Julio Travieso

El cuaderno de los disparates

Lectorum
colección marea alta

El cuaderno de los disparates
© Julio Travieso

Ⓑ Lectorum

D. R. © Editorial Lectorum, S. A. de C. V., 2017
Batalla de Casa Blanca Manzana 147 A, Lote 1621
Col. Leyes de Reforma, 3a. Sección
C. P. 09310, Ciudad de México
Tel. 5581 3202
www.lectorum.com.mx
ventas@lectorum.com.mx

Primera edición: julio 2017
ISBN: 978-1976214493

D. R. © Interiores: Laura Romo González
D. R. © Portada: Angélica Irene Carmona Bistraín
D. R. © Imágen de portada: Shutterstock®

Características tipográficas aseguradas conforme a la ley.
Prohibida la reproducción parcial o total sin autorización escrita del editor.

Conversación con el Dr. Fuente Fontana

Hola, soy escritor y me llamo Javier de Santa Emilia, pero los amigos me dicen Santa. Mis libros tienen éxito y no me quejo. Mi próxima obra, en la cual trabajo, se titula *Lejos de cerca, una cabeza hueca con pelos en la nariz*. Estoy seguro que será un *best seller* superior al *Código Da Vinci*. Pero no es de mí de quien quiero hablarles ahora, sino del Dr. Félix Fuente Fontana un destacado psiquiatra, viejo amigo mío, que mucho gusta de mis novelas y que me visita una vez al mes.

Fuente Fontana labora en el hospital psiquiátrico provincial y es amante de la lectura fantástica de todo tipo, desde Kafka hasta la ciencia ficción, pasando por los relatos góticos y de vampiros. Siempre le he dicho que él mismo debiera escribir. En tales momentos ha dejado escapar una enigmática sonrisita y parpadeado varias veces, algo infrecuente en los psiquiatras.

En su penúltima visita insistí.

—No poseo tu habilidad —respondió.

—No es necesario. Hoy cualquier incapaz, emborronador de cuartillas eróticas policiacas es escritor. Por supuesto, ese no es tu caso. Sabes redactar, eres culto y tienes muchas cosas que contar de tu propio mundo. ¿Quién entiende mejor la mente humana que un psiquiatra?

—No sé, Santa, no sé —me respondió inseguro— además desconozco el mundo de las editoriales que, según tú, es muy complicado.

—Lo es, pero no importa. Escribe, hallarás un hueco para publicar. Además, lo puedes colgar en internet.

En sus ojos volvió a mostrarse la inseguridad.

—Ya veremos, ya veremos.

—Piénsalo.

Estuvo unos dos meses sin venir. Lo eché de menos, pero enfrascado en la conclusión de mi última novela no lo llamé ni él lo hizo.

Finalmente, llegó un sábado a las cinco de la tarde. Sonreía y en sus manos llevaba un sobre abultado.

—Aquí traigo esto que quizá te interese —dijo apenas sentarse y del sobre sacó un mazo de cuartillas que me dio.

En lo alto de la primera cuartilla se leía *El cuaderno de los disparates*.

—Por fin, escribiste algo, te felicito —le dije y sonreí.

—No te apresures —respondió— no es exactamente lo que dices. No he escrito nada.

—¿Entonces qué? Por lo que veo, es el manuscrito de una obra.

—Lo es, pero no mía.

—¿No tuya? ¿De quién?

—Esas cuartillas que ves ahí son de un enfermo al que le di de alta temporal.

Quedé intrigado.

—¿Un paciente?

—Antonio Trase, un escritor que tiene publicado un libro. ¿Lo conoces?

—Nunca he oído hablar de él. Quizá sea uno de esos fantasiosos que dicen haber publicado y no es verdad.

Fuente no respondió enseguida, quizá pensando su respuesta.

—Loco es, pero no miente en este caso. Existe ese libro, *Asesinatos 2*.

Me fascina el tema de la locura. En una de mis novelas hay varios locos. Iba a preguntarle qué tipo de locura padecía el desconocido escritor, pero Fuente se me adelantó.

—Es un esquizofrénico paranoide.
—Mal diagnóstico.
—Lo traté. Mejoró y decidí darle el alta provisional. Debía presentarse todos los meses en mi consulta. Como parte de la terapia le recomendé que escribiera sus pensamientos.
—¿Y?
—Regresó varias veces y me trajo sus trabajos. Los tituló *El cuaderno de los disparates*.
—¿Lo que escribió no lo habrá copiado de alguien? —quise saber—. Conocí del caso de un español que se dedicaba a plagiar incluso los títulos de otras obras.
—Estas cuartillas están escritas en el estilo del Gog de Giovanni Papini —Fuente Fontana hizo una pausa y encendió su pipa—. Pero estoy seguro de que son de Trase. Los primeros capítulos me los dio impresos. Otros me los ha mandado por *e-mail* y yo los imprimí. Son disparates y alucinaciones propias de un esquizofrénico, pero interesantes. Revelan el estado mental de Trase que fantasea con cosas que nunca hizo, situaciones que nunca vivió y viajes que nunca dio. Algunos incluyen las conversaciones que tuvimos, por cierto, varias de ellas distorsionadas o falsas, en las que me presenta como a un médico cruel, pero he preferido dejarlas así para que se comprenda mejor el estado en que se encuentra.

Tomé las cuartillas y les di un vistazo. Aquello me pareció atrayente.

—Entonces estoy ante algo escrito por un demente que se dice escritor.

—Pero que, por momentos, escribe cosas sensatas que no le van a gustar a mucha gente. Léelas y diviértete.

Fuente se marchó y de inmediato comencé a leer *El Cuaderno de los disparates*.

Busqué, pregunté por Antonio Trase. No aparecía en Google ni en Wikipedia. Nadie había oído hablar de él, con la excepción de un anciano que creía que muchos años atrás había leído un librito

5

suyo. El anciano, medio decrepito, no recordaba el título ni de qué trataba.

No me preocupé en buscar opiniones críticas en la prensa sobre su supuesto libro porque hubiese sido perder el tiempo. Todo sabemos que en el país no existe la crítica.

¿Quién es Antonio Trase? Sin duda, un delirante más, uno de los millones que habitan en este planeta. Pero, si era un demente, ¿cómo supo que su libro era un disparate y así lo tituló? Tal título corresponde a un escritor cuerdo.

Por eso, me asalta una duda. ¿El autor verdadero no será mi amigo Fuente que se esconde bajo el seudónimo de Trase? No lo creo.

Sólo espero que nadie piense que esta es obra de mi autoría y que he recurrido al manido recurso (en el Quijote, por ejemplo) de achacársela a un falso escritor. Nada más ridículo. Soy un autor realista, incapaz de escribir algo tan descabellado, y contrario a las normas de conducta y vida descritas en este cuaderno disparatado y absurdo.

Sin embargo, por ser totalmente absurdo, pensé que, en un mundo frívolo, como el actual, pueda gustar. Probablemente lo pondré en la red. Quiero saber hasta qué punto una obra así tiene aceptación.

Atención, a veces, entre los diferentes capítulos, intercalaré las conversaciones que sostuve con Fuente Fontana. Me parece que servirán para que se comprenda mejor todo lo sucedido con Antonio Trase.

EL CUADERNO DE LOS DISPARATES

o de las verdades reveladas que el hombre moderno necesita conocer, escritas por Antonio Trase

Todo comenzó por las hormigas

Sentado en la terraza de mi casa, meditaba a diario, horas y horas, en el fracaso de mi vida. Un somero recuento de ella no podía ser más terrible: seis matrimonios rotos, finalizados en furiosas disputas, seis hijos esparcidos por el mundo, de los cuales sólo una (la más pequeña) me enviaba una breve felicitación electrónica en Navidad. Los seis eran ricos o casi ricos, con importantes profesiones, dos renombrados doctores de los EE.UU., uno un célebre pintor que se movía entre París y Londres, otro un famoso director de películas porno, con sede en La Haya, la quinta casada con un millonario de Texas, el sexto, vendedor de antigüedades y libros viejos afincado en Madrid, dueño de la famosa casa Travi y Cia. Ninguno me amaba y apenas me recordaban. No me amaban, pero al menos no me odiaban, como me odiaban sus madres, las seis mujeres con las que conviví años y en las que gasté mi fortuna.

Amigos, amigos verdaderos, no tenía con la excepción de un viejo lunático que en sus visitas sólo sabía hablarme del único tema que le gustaba y dominaba, la Patagonia. Nunca había estado allí, pero había escrito sesudos tratados sobre aquella región de la cual me hablaba horas y horas sin parar ni tomar aliento.

En cuanto, a los ex colegas de mis antiguas actividades secretas estaban muertos o jamás podrían encontrarse conmigo por obvias razones de seguridad. Aquel era un pasado que debía borrarse para siempre.

Supuestos amigos tenía muchos. Todos querían algo de mí porque, a pesar de mis desafortunados divorcios, alguna fortuna conservaba, pero no me apreciaban de verdad. Me hacían trastadas mis llamados amigos y mis conocidos y hasta mis exmujeres, por no hablar de otras muchas personas con las que desafortunadamente debía tratar, porque este es un mundo donde imperan el egoísmo y la rapiña, el todos contra todos, pero no de una manera abierta, sino disimulada y taimada. En mi juventud, un mesías excitante nos había anunciado el pronto surgimiento de un ser distinto, inefable, bondadoso y fiel, solidario con sus hermanos humanos. Nada de aquello había ocurrido, todo lo contrario, lo que yo veía eran seres inferiores que sólo buscaban su beneficio y placer, costase lo que costase.

Tal situación me irritaba al máximo, pero casi nada era posible para remediarla porque, pronto lo comprendí, la sociedad, en su conjunto, estaba enferma de incurable mal.

Mi único escape fue alejarme de todo y de todos, encerrarme en mi residencia. Antes había andado por medio mundo por el placer de viajar y en mis actividades secretas, pero, a partir de ese instante, sólo hice, tiempo después, algunos viajes motivados por mis nuevos proyectos.

Mi celular lo tiré y di órdenes a Esperanza, mi ama de llaves, de que no respondiese el teléfono o que si lo respondiera dijera que yo me había embarcado hacia Australia. Sólo en casos muy urgentes debía pasarme la llamada.

Sentado en mi terraza, frente a árboles y pajarillos, me di en meditar y meditar sobre la vida, preguntándome cuáles eran nuestros males y cómo hacer para escapar de la cárcel infernal en la que nos hallábamos.

Pronto la palabra suicidio entró en mi mente, pero, por el momento, la alejé. Para tomar una decisión así, primero debía hallar una explicación de lo que me ocurría.

Por mucho que cavilé no la encontré y de tanto reflexionar dejé de hablar, de reír, y, los días se me fueron entre pensamiento y pensamiento mientras contemplaba libar en una flor a un diminuto pajarillo, tan diminuto que en mi mano hubiese cabido, o escuchaba el cantar de otros pájaros y el sonido de la caída, desde un árbol centenario, de una madura fruta. También dejé de comer y adelgacé hasta que mis huesos comenzaron a transparentarse a través de mi piel marchita, con gran temor, de Esperanza que cocinaba y cuidaba de la casa, y comenzó a pensar que yo estaba mal, muy mal, quizá enloquecido, lo mismo que el Quijote antes de partir a sus aventuras. La señora no sabía bien quién era el Quijote, pero sí veía que yo, en menos de seis meses, había adelgazado más de 15 kilos.

Por supuesto, aquel adelgazamiento no era enfermedad. Era prueba del crecimiento de mi espiritualidad y mi reencuentro con Dios intrascendente y mi visualización de Satanás trascendente, dominador de la sociedad.

En tal estado fue que caí en observar a las diminutas hormigas que pululaban por doquier en mi residencia, el piso, la tierra, los árboles. A cualquier lugar que dirigiese mi vista allí estaban, sin ocuparse de mí. En largas filas, semejantes a disciplinados soldados, cientos de ellas iban hacia sus tareas cotidianas.

Por la misma senda regresaban otras hacia el hormiguero, cargadas con lo que habían obtenido en sus incursiones habituales. A pesar de que andaban muy aprisa todo parecía muy ordenado en aquellas, sus largas caravanas.

Más allá, en el patio de mi residencia, decenas daban vueltas y vueltas, hacia atrás y adelante, en un incesante ir y venir. No tenía sentido aquel desordenado movimiento, muy diferente a la disciplina y orden de las filas. ¿Estarían locas las hormigas?

Ya que el tiempo me sobraba, comencé a buscar toda clase de información y a leer libros sobre ellas, al tiempo que continuaba vigilándolas. Naturalmente, ellas no tenían idea de mi existencia ni les importaba. Si, por casualidad, mataba a alguna (como experimento lo hice) otra la reemplazaba de inmediato. Tiempo después supe todo lo que se conocía sobre sus vidas. Eran gregarias, vivían en comunidades, en una sociedad casi perfecta, dividida en obreras, a las que yo veía en su incesante trabajo, unos pocos zánganos y una reina madre que paría y paría miles y miles de obreras. Cada una tenía asignada una tarea, cuidadoras de las recién nacidas y de la reina, exploradoras, recolectoras, guardianas de las puertas, guerreras que luchaban contra otras tribus de hormigas y demás intrusos. ¿Quién dirigía, repartía las tareas y ponía orden? Por todos los medios intente saberlo y me adentré más y más en sus vidas. Una pregunta me asaltó. Si las hormigas tenían una sociedad ordenada, (mucho más que la nuestra), si vivían en paz y trabajaban armoniosamente, debían, por necesidad, sentirse bien y si se sentían bien serían felices. Pero, si todo aquello sucedía, también tendrían un Dios propio de ellas, de largas antenas, seis patas y un exoesqueleto, quizá mucho más benevolente que el nuestro que, constantemente, nos enviaba destrucciones, desgracias y mucho dolor.

Así las cosas, intenté construir en mis terrenos un hormiguero artificial de manera de tenerlas más a la mano para seguir sus costumbres. Fracasé. Hice un segundo y un tercer intento, todos infructuosos. Las hormigas no se dejaban domesticar.

Tanto estudio, experimentos y observaciones me hicieron alejarme, definitivamente, de mis supuestos amigos a los que dejé de tratar, al igual que dejé de tratar al amigo amante de la Patagonia. Ninguno comprendería mi pasión por los maravillosos insectos; incluso, llegué a sospechar que dudaban de mi razón y se habían transformado en mis enemigos. A casi todos los despedí en malos términos y les prohibí la entrada a mi mansión. Libre de intrusos y molestias me entregué con renovada energía a mis contactos con las hormigas. Hora a hora, día a día, me dediqué a observarlas y estudiarlas. Si antes comía poco ahora dejé de comer en absoluto y lo poco que ingería era porque mi ama de llaves casi me obligaba a tragar algún que otro bocadillo.

Pronto vine a confirmar que las hormigas eran felices. No sentían la envidia, eran mudas y no hablaban mal unas de las otras. Para comunicarse se tocaban brevemente con las antenas o dejaban un rastro químico y así no perdían tiempo en inútiles conversaciones, en chismes, murmuraciones, calumnias e intrigas. Al no haber tales problemas no se sentían reprimidas ni estresadas. En una palabra, no padecían los tormentos que sufren los seres humanos. Además, no se casaban y no conocían tan pesada institución. Por supuesto, no se preocuparían por su pasado ni perderían su valioso tiempo en la literatura.

Sin embargo, seguía sin comprender el sentido exacto de su organización y eso me hizo desvelarme, adelgazar aún más y volverme irritable. Tan irritable que le grité a Esperanza, la única persona con la que todavía mantenía algún contacto, y la amenacé con echarla. Ella no respondió, pero vi el llanto en sus ojos. Hizo un gesto de tristeza y se retiró a su habitación.

Irritado, nervioso, estuve varias semanas alterado hasta que una mañana la Gran Revelación llegó a mi mente. Recordé a San Pablo tocado por la voz de Dios. ¿Cómo yo no lo había entendido antes?

Dirigidas por un soberano (en este caso soberana), mis amigas las hormigas vivían en el igualitarismo.

Sí, el igualitarismo, la misma sublime, maravillosa y utópica doctrina, por la cual yo había luchado en mi juventud. Sí, el mismo régimen social por el cual millones de personas habían perecido. El igualitarismo, imposible y absurdo entre los Hombres porque su inmensa mayoría es egoísta, egocéntrica y ambiciosa, además de haragana. Nada más cautivante que la igualdad entre todos, nada más inalcanzable porque no todos nacemos con la misma inteligencia. Están los genios (por ejemplo, mi cociente de inteligencia es de 180) y los retrasados mentales. No podían ser iguales Mozart y un recogedor de boñigas.

En cambio, entre las hormigas es posible porque todas tienen el mismo instinto, la misma inteligencia, la misma capacidad de trabajo. En el hormiguero, todas se alimentan de lo mismo y en las mismas cantidades, con la excepción de la gran Reina madre; todas trabajan abnegadamente, ninguna sobresale y, por tanto, no existen el rencor ni el deseo de sobresalir sobre la demás, ninguna vive más que las otras. Cierto que hay unos cuantos zánganos, pero viven poco y con una tarea muy específica.

Aquella revelación me trastornó, me quitó aún más el sueño, analizando las implicaciones de tan importante descubrimiento. La Tierra es su casa, la han habitado antes que el hombre. En ella hay 10 mil billones de hormigas y yo estoy seguro de que cuando la especie humana desaparezca, en un futuro cercano, será sustituida por las hormigas. Ellas son la mejor especie, la triunfante, la cual se debe imitar.

De repente, sentí deseos de ser una hormiga, de convivir con ellas en su mundo perfecto pero nada de amanecer convertido en el insecto de la absurda historia del tonto Kafka. Lo deseé, lo soñé, pero no sucedió. Entonces, tomé otros caminos. Desnudándome me incliné junto al hormiguero, sobre mis cuatros extremidades, avancé, como una hormiga, me vi cubierto por ellas que gozosas recorrieron mi cuerpo. Qué dicha, yo era una hormiga y había abandonado la maldita especie humana.

Fui feliz, pero mi ama de llaves se espantó al verme así y comenzó a gritar. Desde mucho antes, había dado muestras de un comportamiento extraño y con aquellos gritos histéricos demostraba que entraba en pánico. Quise callarla, pero no pude porque yo era una hormiga. Sus gritos se hicieron más violentos y pronto acudieron algunos vecinos. Después llegaron dos hombres vestidos de blanco que con fuerza me arrastraron hacia un vehículo blanco que partió de inmediato. Cuando uno de los hombres me inyectó perdí el conocimiento.

En mi próximo recuerdo, yo, vestido de blanco, estaba en una pequeña sala frente a un hombre barbudo y de oscuras cejas que sonreía y me miraba amistosamente. ¿Un enemigo potencial? Lo que sonríen así son los más hipócritas y los peores enemigos. Debía tener mucho cuidado con él y fingir.

Muchas veces nos volvimos a encontrar Fuente Fontana, así se llamaba el hombre sonriente, y yo. Él, interrogándome, yo respondiendo con cautela. Su fin era uno sólo, hacerme creer que yo no era una hormiga. Por astucia, dije que estaba de acuerdo con él y comprendía que yo era un ser racional, jamás un insecto.

Finalmente, el buen doctor me dio el alta del hospital.

"Ahora, a su casa y deje de imaginar cosas absurdas", me dijo. "La mejor prueba de que usted no es un insecto es que puede pensar. Y si puede pensar puede hablar conmigo y, muy importante, escribir".

No respondí y miré el suelo desde donde me observaban algunas hormigas.

"Pero, si usted entiende que en el hombre y en la sociedad dominan todas clases de males, descríbalos y proponga, por escrito, sus soluciones. También escriba sobre su vida y sus relaciones. Le vendrá muy bien".

Me miró de frente.

"Aquí tiene papel y lápiz", dijo y me extendió un block de hojas y una pluma. "Eso sí, cuando termine un capítulo tráigamelo y lo discutiremos".

No dijo más nada y se fue. Yo me marché a mi mansión donde me esperaba mi vieja ama de llaves muy emocionada.

Inmediatamente fui a ver a las hormigas con las que estuve un buen tiempo. Luego, a solas conmigo reflexioné sobre lo dicho por el doctor. "¿Por qué no?", me dije, "escribir lo que pienso sobre la sociedad y mostrar alguno de los absurdos que dominan la vida de las personas, absurdos que no se dan entre las hormigas".

Esa misma noche, comencé a llevar al papel mis pensamientos y recomendaciones para mayor felicidad de los humanos. Mi primer escrito trató de una de sus más antiguas instituciones, el matrimonio. Luego vendrían otros muchos, de los duelos, la risa, el paraíso, los suicidios; incluso me aventuré en relatar mis andanzas por el mundo, siempre en busca de la felicidad, y mi descubrimiento

15

de que Jesucristo no ha muerto y se esconde en un algún sitio de nuestro desgastado planeta.

Invito al lector a que lea mis propuestas y me dé sus observaciones, aunque le prevengo que no cambiaré una sola letra.

De los matrimonios

Las hormigas no necesitan casarse. Tampoco ninguna otra especie terrestre o marina lo hace. Un macho y una hembra se aparean y procrean un nuevo ser de manera que la vida no se extinga. El matrimonio entre las personas es relativamente reciente, sólo a partir del siglo III después de Cristo se extendió y, gracias al cristianismo, se generalizó. Los romanos lo conocieron, pero no en todas las clases sociales. Su fin era utilitarista, práctico, y en ningún momento intervenían los sentimientos amorosos. Se daba cuando uno de los conyugues, o los dos, deseaba trasmitir sus bienes a sus descendientes. Así se legitimaban y creaban relaciones de alianza entre los grupos que se emparentaban por el matrimonio. Sólo eso, nunca amor o pasión. La mujer debía ser fiel al esposo, pero este no. En el griego antiguo no había un vocablo para designar el matrimonio. Simplemente era un acuerdo privado, entre dos familias que se aliaban, por el cual el padre entregaba a su hija a un hombre de otra familia. Los espartanos ni siquiera convivían con sus esposas. Simplemente fornicaban de vez en cuando, y luego se iban a vivir a otro lugar.

La religión fue la que impuso su necesidad con la presencia obligatoria de un sacerdote. Desde entonces existe el uso y abuso de una institución que en sus primeros meses es maravillosa pues tanto el hombre y la mujer actúan bajo los efectos de las feromonas, sustancias químicas que producen sus organismos, y se disfrutan sexualmente día a día.

Pasado el efecto de la primera euforia y del mutuo reconocimiento de los cuerpos, comienza el diario convivir que es visto de manera diferente por cada uno de los conyugues. Ahí se inician las disputas, solapadas o abiertas, para ver cuál de los dos dominará la vida común. Por lo general, es el macho quien se impone, pero con el desagrado o incluso el odio de su pareja que se siente rebajada, ofendida y humillada. Cuando nacen hijos, las ocultas disputas por el dominio de estos son iguales o peores que las anteriores.

Resultado, alrededor de cinco años después, los conyugues están molestos, insatisfechos y despreciativos entre sí. Si mantienen la unión es por la inercia y la fuerza de una ley que los ata socialmente. Entonces, por lo general, buscan, fuera de su unión, satisfacción, sexual y psicológica, en otra pareja.

Todo lo anterior me era bien conocido gracias a mis propias experiencias personales y a las innumerables investigaciones, sociológicas, psicológicas, jurídicas, que he realizado.

Por eso, hay que reformar una institución que crea frustración, sometimiento, hipocresía y engaño.

Mi plan, que pronto elevaré a las autoridades, es sencillo y práctico. Sin duda, todos lo aceptarán con entusiasmo.

Nada de acabar con el matrimonio y volver a las prácticas de la comunidad primitiva. No se puede impedir el entusiasmo, la alegría y el amor que se producen entre las parejas en los meses previos a su unión y en los posteriores. Que se gocen mutuamente el primero, el segundo año, quizá el tercero y que en el cuarto y quinto comprendan cuál es la realidad en la que viven.

Al llegar el quinto aniversario de la unión ésta quedará disuelta automáticamente. Para ello no se requerirá gestión ni documento alguno. Por ley se disolverá el matrimonio y eso deben saberlo todos. Si hay una cantidad par de hijos, serán confiados a partes iguales a cada uno de los conyugues. Si son impares, la custodia se rotará en el tiempo, seis meses con cada uno de los padres. Los bienes se dividirán a partes iguales.

No estoy tan loco para pensar que en los primeros cinco años a todos los conyugues les va mal. De acuerdo con las estadísticas que manejo, al menos un 10% de ellos es aún feliz al final del primer quinquenio matrimonial. Enaltecedor y extraordinario ejemplo, pero no lo suficientemente fuerte para impedir mi ley de disolución matrimonial a los cinco años.

Pero, ¿haremos infelices a ese 10% que, asombrosamente, aún se ama a los cinco años y que quisiera seguir unido? Claro que no. Todo lo tengo previsto. Esas excepcionales criaturas podrán acudir ante un juez para pedir que su vínculo matrimonial se restablezca. Este los escuchará atentamente, interrogará a cada uno por separado, comprobará que los dos están en sus cabales y que detrás de la petición no hay ninguna razón maliciosa o dañina y dará su decisión en un plazo de dos semanas.

Si al cabo de ese plazo, el veredicto es, como debe ser, favorable, el matrimonio volverá a reconstituirse nuevamente, igual que si nunca hubiese sido disuelto, pero, atención, sólo por otros cinco años.

Decididamente, no es posible creer que dos personas normales, en su sano juicio, soporten más de diez años de convivencia diaria. Si al llegar a ese momento siguen unidos es a causa de los hijos o porque la mujer, mantenida por el esposo, no tiene a donde ir y estaría en una grave situación económica. Para entonces, ha quedado muy atrás, el flujo de feromonas amorosas; el interés corporal de uno en el otro ha desaparecido y todo se reduce a un absurdo e impuesto encuentro sexual semanal o mensual. Luego de diez años, a ninguno de los dos le interesa explorar y gustar el cuerpo, generalmente expandido y flácido, de su pareja. De ahí que, con más ansia que nunca, se busque la visión y el contacto con otra figura más joven.

En ese instante, mi ley interviene en beneficio de los dos. Otra vez el matrimonio se anula automáticamente a los diez años. Las condiciones serán las mismas que a los cinco años, pero, ahora, para proteger al conyugue que dependa económicamente del otro, el Estado le pasará una pensión compensadora.

Atención, en toda sociedad humana (no en la de las hormigas) siempre hay gente impredecible. Mis investigaciones revelan que un 5% se obstinará en proseguir su unión luego de los diez años. ¿Qué hacer con ellos?

Ambos deben dar, por separado, una declaración jurada en la que expliquen cuidadosamente su deseo, las causas, para seguir juntos y las historias, detalladas, de sus vidas. La más pequeña inexactitud, la más mínima mentira, anulará el documento, que se comparará con el del otro conyugue.

Tales declaraciones serán investigadas y analizadas por una comisión de expertos integrada por un trabajador social, un representante de la comunidad donde vivan y un oficial policiaco, que elevarán sus recomendaciones a una comisión superior compuesta por un psicólogo, un sociólogo y un jurista.

Tan riguroso procedimiento deberá llevar no menos de un año para que no quede la más mínima duda, pero cabe la posibilidad de que la respuesta demore años. Luego de ese análisis, se les preguntará a los conyugues si persisten en sus intenciones de permanecer unidos. Si responden que sí la comisión superior deliberará y dictará su sentencia.

¿Y?, dirán mis futuros lectores, seguramente ansiosos, ¿qué sucederá?

Cuando la sentencia sea a favor de mantener el matrimonio, este se permitirá, a modo de excepción, por otros cinco años, cumplidos los cuales volverá a funcionar el mecanismo disolvente y los otros mecanismos ya conocidos. Para los poquísimos casos (sin duda patológicos) que insistan en continuar juntos, habrá otra investigación y una comisión, esta vez mucho mayor, integrada por un fiscal y un abogado defensor que verán el caso ante un tribunal público en el que podrá haber testigos.

Para los excepcionales casos que sobrepasen los quince años y lleguen a los veinte, el procedimiento se complicará porque, antes, los solicitantes deberán ser sometidos a prolongados y profundos estudios de expertos psiquiatras que determinaran sobre la salud mental de ambos.

Suponiendo que se encuentren en su sano juicio y cumplan todos los requisitos, su petición deberá remitirse a una comisión especializada del Parlamento que será el órgano que, en última instancia, se pronunciará sobre si, por última vez, se concede licencia para que el matrimonio se mantenga. En el hipotético caso de que el fallo sea favorable, se les exigirá a los conyugues la firma de un documento en el cual eximirán al Estado de toda y absoluta responsabilidad por lo que pueda sucederles en lo adelante. Si firman tal documento, podrán vivir juntos hasta que la muerte los separe. Sin embargo, estoy seguro de que tal caso nunca se dará.

Terminé mi escrito sobre los matrimonios. Lo revisé varias veces y me sentí satisfecho. Breve, pero enjundioso. Un pequeño tratado, digno de Montaigne, Feijoo, Swift y otros ilustres ensayistas, antecesores míos, que no lo hubiesen rechazado. Cuando sea publicado será muy bien recibido; todos me agradecerán mi cruda sinceridad, en especial los infelices conyugues que sufren largos años de pena en su cárcel matrimonial. Ya veía mi nombre en las elogiosas críticas. Por supuesto, ciertas mentes, atrasadas y sometidas, murmurarán de mí con sus mordaces lenguas y me difamarán.

"Es absurdo lo que dice, está loco, loquísimo, debieran encerrarlo, cómo es posible que escriba tales cosas, nosotros llevamos 25 años de casados y somos felicísimos", serán algunas de las tendenciosas opiniones de gente esclavizada que no quiere ser liberada. No me importa. Ese es el precio que deben pagar las mentes superiores, entre ellas la mía.

Pero, al releerlo por décima vez, comprendí que su extensión constituía un inconveniente para su publicación. Demasiado breve para ser libro y demasiado largo para artículo. Medité y, de nuevo, la iluminación sacudió mi mente, como el repentino resplandor del rayo. ¿Quién me iluminaba? ¿Acaso el mismo Dios? No podía creerlo, pero la idea ya estaba en mi interior. Mi soberbia reflexión debía ir acompañada por otras muchas en los que analizaría los numerosos problemas que agobian al ser humano. Ya había meditado sobre ellos y disponía de respuestas concretas. Se imponía comenzar a escribir de inmediato para hacer un libro.

Sin embargo, antes quise mostrarle mi escrito al doctor Fuente que comprobaría de una vez y por todas que no soy un loco de atar.

El buen hombre me recibió con su amabilidad habitual, me invitó a a sentarme en un butacón y encendió su pipa de Sherlock Holmes. Ambos, el doctor y el detective son sabuesos, uno de los crímenes y el otro del cerebro. Yo soy un sabueso de la humanidad.

—Bien, ¿cómo le va? —un poco de humo salió de su pipa.

—Maravillosamente, mejor no puedo estar —me arrellené en el butacón. Aquel era un día estupendo y yo lo disfrutaba.

—Ya veo. ¿Así que todo bien?

—Todo bien.

—¿Ya no sigue pensando en que es una hormiga?

Miré fijamente al buen doctor. ¿Se pensaría que yo era un tonto? Si le respondía que sí me encerraría y todo comenzaría de nuevo. Además, yo nunca había dicho que yo era una hormiga. Yo dije que quería ser hormiga y eso era muy distinto. Para ser hormiga necesitaba la aprobación de estas y ellas nunca me han respondido.

—Claro que no. Eso fue en otro tiempo.

—Bien, bien, ¿y ahora quién es? —más humo salió de la pipa y noté **su** preocupación.

—Una persona semejante a usted —mentí descaradamente. Yo estaba muy por arriba de él.

—¿Y a qué se dedica? Cuénteme.

Otra vez el taimado interrogatorio para comprobar mi estado mental.

—Al ensayo. Usted mismo me sugirió que escribiera y he escrito un extraordinario ensayo. Soy un gran ensayista.

—Estupendo, estupendo —el tonto doctor se paró, caminó hasta la ventana y miró a través de ella. De espaldas, me hablo.

—¿Y de qué trata su ensayo?

Sin responderle, le entregué mi trabajo. De inmediato comenzó a leerlo y pude ver que estaba dominado por la curiosidad. En silencio nos mantuvimos casi una media hora. Él concentrado en la lectura y tragando humo. Yo pensando en mis próximos escritos. Al final alzó la cabeza y me observó de soslayo.

—Bueno, bueno —dijo en voz baja— no se puede negar que está bien escrito.

Fui a decirle que no estaba bien escrito, estaba maravillosamente bien escrito, pero me contuve. Sabía muy bien a donde me conduciría cualquier frase mía infortunada.

—¿Bien escrito? ¿Sólo eso?

—Bueno... — el humo se elevó hasta el techo— es audaz, valiente, novedoso, pero...

—Pero...

—Debe reconocer que sus afirmaciones sobre el matrimonio son algo apresuradas... yo, por ejemplo, llevo veinte años de casado y soy muy feliz al igual que mi esposa, y como nosotros hay miles, por no decir millones, de otros matrimonios —una gran sonrisa apareció en su boca.

Ya, otro de los miles, por no decir millones, de esclavos que amaban la esclavitud y no veían en mí a su salvador, pensé, pero me callé.

—¿Y ahora qué piensa hacer?

—Continuar escribiendo y exponiendo mis ideas sobre algunos problemas que afectan al hombre y lo hacen desgraciado.

—Bien, bien, esto está bien y le pido que cuando haya terminado me muestre lo escrito.

—Así lo haré, pero le advierto que seré fuerte en mis juicios.

—Pero hasta el límite que permita la razón. Esa que usted debe mantener.

Nos separamos con un apretón de manos y aprisa regresé a mi mansión para proseguir la obra. Me pregunté si debía incluir al buen doctor en el Proyecto de los asesinatos que ya tenía en mente. Por el momento no era aconsejable, me dije. Además, él no me había maltratado.

En busca de Jesús

Aquella tarde, luego de escribir mis ideas, me sumergí en la bañera y en el preciso instante en que, todo enjabonado, cantaba *Fígaro, Fígaro*, del aria de las *Bodas del Fígaro*, la revelación me llegó una vez más y de golpe lo comprendí todo sobre Jesús.

Esa revelación fue la culminación de un largo proceso de cavilaciones mías durante el cual quise saber qué sucedió realmente con el enviado de Dios.

Antes de proseguir, debo aclarar que creo en Cristo y sólo en Cristo, hijo todopoderoso del Padre. Mi creencia en él me ha llevado, lo repito, a profundos estudios sobre su vida. Y esos estudios me provocaron grandes inquietudes.

Cuando le conté al Dr. Fuente Fontana mi forma de pensar y mis dudas se sonrió taimadamente y anotó algo en su libreta de apuntes. No hizo ningún comentario, pero a partir de ahí el trato hacia mí por parte de los enfermeros se hizo más fuerte y riguroso, como si estuvieran asistiendo a un demente peligroso.

Leo asiduamente la Biblia, más exactamente El Nuevo Testamento. De tales lecturas nunca me quedó clara la muerte de Jesús y el papel de Poncio Pilatos en su crucifixión. No hay muchas noticias sobre él, pero las pocas que existen lo describen como hombre de "carácter inflexible y duro, sin ninguna consideración". En las legiones romanas, no a cualquier débil tonto lo nombraban gobernador de un territorio. Según otras fuentes era muy astuto y gran político. Además, es muy significativo que, cuando **interrogó** a Jesús, su esposa Claudia Prócula le mandara una nota en la que decía:

"No te metas con este hombre Justo porque anoche tuve un sueño horrible por causa suya".[2]

Casi nadie ha oído hablar de Claudia Prócula, pero yo sí, con lo que le demuestro a Fuente Fontana que no soy un orate analfabeto, sino hombre de amplia cultura. Por supuesto el buen doctor no sabe que Claudia Prócula fue canonizada, junto a Poncio Pilatos, por la iglesia ortodoxa etíope.

Extraño, muy extraño, una de las iglesias cristianas más antigua del mundo, fundada por el mismo apóstol Felipe, canoniza al supuesto ejecutor de Jesús. ¿Qué méritos encontró la iglesia etíope en Pilatos para canonizarlo?

El carácter de Pilatos, la nota de su esposa y la canonización de ambos me hicieron meditar largamente. ¿Cómo era posible que el arrogante Pilatos hubiese cedido ante el judío Caifás?

Y luego, lo más extraño de todo es lo sucedido con Jesús durante su crucifixión. Antes de ésta fue flagelado y obligado a cargar con su cruz, pero atención, no con las dos partes de ella, sino sólo con el travesaño horizontal, donde le clavarían los brazos. Jesús lo sostiene muy poco tiempo porque le piden a un tal Simón que tome el madero y lo lleve. Asombroso, ese Simón no era un esclavo, sino un hombre libre, y, sin embargo, acepta el pedido y libera a Jesús de su carga. ¿Por qué esa consideración con un condenado? Los otros dos ladrones que son ejecutados junto al Mesías sí cargan sus maderos todo el tiempo.

Le clavan los pies y los brazos, pero no hay ningún testimonio que diga que tuvo una violenta hemorragia y falleció enseguida por ella. En lo más mínimo. Jesús resiste. No olvidemos que es un hombre de sólo 33 años, fuerte. Tampoco hay noticias que bajo el efecto del dolor, gritara violentamente y llorara como cualquier persona hubiese hecho en tal situación.

---

[2] Aquellos que piensen que, por loco, digo falsedades, léanse a San Mateo, versículo 27, línea 18.

Incluso habla con dos ladrones que también han sido crucificados. Además, tiene fuerzas para invocar a su Padre. Y se nos dice que falleció inmediatamente después, a unas pocas horas de haber sido crucificado. Rara muerte, tan rápida, repentina, en alguien que no fallece enseguida de hemorragia y que pudo haber resistido muchas horas más.

¿Quién certificó tal muerte? ¿Qué médico o persona competente dio fe de su fallecimiento? ¿Quién de los allegados cercanos a él comprobó que estaba muerto? Ninguno, ni su madre, ni María Magdalena, nadie.

Aquí entra en la historia un tal José de Arimatea, un judío rico que habla con Pilatos y reclama el cuerpo. Ese es un detalle interesante, no cualquiera podía hablar, sin pedir previa audiencia, con el gobernador romano quien enseguida recibe a José.

Este guarda el cuerpo en una cueva y a los tres días cuando María Magdalena la visita descubre que Jesús ha desaparecido. Por último, la conocida historia de la resurrección.

Qué sucedió, realmente, fue una pregunta que me atormentó por mucho tiempo. Lo vuelvo a repetir, yo no comprendía, no llegaba a comprender. ¿Por qué, si Jesús era un hombre odiado, se permitió que otro le cargara el madero? ¿Por qué Pilatos recibe inmediatamente a José de Arimatea y le entrega el cuerpo, en lugar de hacer que Jesús colgara y se pudriera en la cruz, para hacer más ejemplar el castigo?

¿Por qué María, la madre de Jesús, no reclamó el cuerpo de su hijo? Es tradición, respetada por todos los pueblos, que los restos de un hijo muerto se le entreguen a la madre, al padre, y no a un conocido.

¿Por qué María Magdalena fue la primera en visitar la cueva, no siendo ella la discípula preferida del Maestro? ¿Por qué desapareció el cuerpo? Pero, y lo repito, lo más importante, ¿quién certificó que Jesús había fallecido? ¿Un simple e ignorante centurión? ¿En qué momento se le tocó, se le palpó, para comprobar su muerte? Sólo

27

se nos dice que Jesús entregó su alma, ninguna otra explicación. Demasiadas, demasiadas, interrogantes para mi pobre cerebro, que es, según Fuente Fontana, el de un desequilibrado.

Y de súbito, la iluminación mientras me duchaba, mientras el agua caliente corría por mi cuerpo. No, no, Jesús no murió en la cruz. Simplemente se desmayó por un tiempo y desmayado se lo llevó José de Arimatea.

Todo fue un ardid de Pilatos, ayudado por el Arimatea, un conocido suyo, para salvar a Jesús y hacerle menos doloroso su castigo. Pilatos que, por razones de alta política estuvo obligado a complacer a los judíos y crucificar a Jesús. Pilatos que odia a Caifas y simpatiza con Jesús. Por eso, la milagrosa ayuda de alguien, enviado por Pilatos, que carga con la cruz. Pilatos, que, sin mayores trámites, le entrega el cuerpo a Arimatea.

Si pensamos un poco, el asunto queda claro. Arimatea simula que se lleva un cadáver y lo esconde en una gruta donde lo atiende y cuida. Las heridas eran fuertes, pero no mortales y Jesús se recupera.

Lo anterior fue conocido, de una forma u otra, por los cristianos de la iglesia etíope que canonizaron a Pilatos en premio a su proceder.

Antes de mi revelación me había preguntado qué sucedió con Jesús luego del episodio de la gruta. El evangelista Lucas nos cuenta que se le apareció a dos discípulos en el camino a Emaús y estos no lo reconocieron; lo mismo sucedió con María Magdalena. Algo similar ocurrió cuando, según San Juan, se presentó ante los apóstoles que pescaban. Estos no supieron quién era. ¿Por qué?

Ya lo entendí todo. Jesús no quería darse a conocer en público. Por eso cambió su aspecto externo. Con los discípulos se entrevista brevemente. No continúa su prédica en Palestina y enseguida desaparece.

¿Qué razón le hizo actuar así?

Muy sencillo. Estaba desilusionado, defraudado. En primer

lugar, de su propio pueblo judío que lo había perseguido y condenado; de sus propios discípulos, uno de los cuales lo negó tres veces y el otro lo traicionó. Sus discípulos a quienes reprende cuando los encontró luego de salir de la gruta, que no hicieron nada para intentar rescatarlo de la crucifixión. Pero, sobre todo, estaba decepcionado de los seres a quiénes había venido a salvar y en los cuales sólo encontró burla, odio, agresión, maldad. Los romanos lo flagelaron y se mofaron de él, los judíos, el pueblo elegido por el Señor, pidieron su muerte y disfrutaron con su crucifixión.

Por innobles, los hombres no se merecían su dolor, su sufrimiento. Él no regresaría para intentar redimirlos.

Él, cuando el Padre le dio su misión, no pensó que en el mundo habría tanta maldad y odio. No obstante, era posible, se dijo Jesús, una transformación. Quizá, con el tiempo, los terrícolas cambiarían.

Pero también el Padre estaba decepcionado y decidió no intervenir más en la vida terrestre. Los Hombres quedarían a su libre albedrio y sus instintos. Si, pasado un tiempo prudencial, seguían siendo las mismas bestias que martirizaron a Jesús, él intervendría y acabaría con su obra fallida.

Todo ese tiempo, Jesús inmortal y con la misma edad, se mantuvo en la tierra como testigo y juez de la conducta humana. Al cabo de los tiempos, dará su criterio que influirá sobre la decisión del Padre. Si Sodoma y Gomorra fueron destruidas en un segundo, todo huella humana desaparecerá en menos de un minuto.

María Magdalena encontró la gruta vacía y, buena amante y mujer, se imaginó que había visto a Jesús resucitado. ¿Lo imaginó o lo creyó en verdad? No sé. Lo que hizo Jesús después de recobrarse y sanar de sus heridas fue abandonar en secreto a sus inseguros discípulos y salir de Jerusalén.

¿A dónde fue y a dónde ha ido?

Desde que tuve la revelación en la bañera me dediqué, en cuerpo y alma, permanentemente, hora tras hora, a investigar los caminos del Señor y su paradero. Tanto me entregué a esa misión que mi cuerpo y sobre todo mi mente se resintieron. Jesús viajó a todas partes. A Roma primero. Siempre como espectador, conoció las injusticias y la crueldad del mundo romano y luego el salvajismo de los bárbaros. En los sombríos años del Medioevo sus huellas se pierden. Lo más probable es que, hastiado de las disputas entre sus propios seguidores, se refugiara en uno de los primeros monasterios cristianos del cual salió decepcionado.

Más tarde, con la expansión del Islam habrá pasado, en una de las Cruzadas, a ese mundo nuevo, deseoso de conocer a un Dios que competía con el suyo y que, quizás, pensó él, fuera el propio Yahvé con nombre transfigurado en Alá. Pero en el Islam sólo halló el mismo fanatismo, intolerancia y odio que había conocido entre los cristianos.

De regreso a Europa, lo vemos en Venecia, dedicado a la artesanía, siendo conocido como Christian di Pavia. Tiempo después, el monje benedictino Mateo de París afirma haberlo encontrado en Armenia, viviendo bajo el nombre de Catafito.

Mateo de París lo confunde con el Judío Errante. Error. Jesús seguía siendo un típico judío, pero de ningún modo fue el judío condenado a vagar eternamente por el mundo. Si se hubiesen encontrado, Jesús, todo amor, lo habría liberado de su condena.

Según mis investigaciones, en muchos sitios estuvo, observando, juzgando al Hombre.

El filósofo sueco Emmanuel Swedenborg relata que, hacia 1715, Jesús lo visitó en su casa de Estocolmo. Según Swedenborg, él miraba por la ventana y vio, en la calle, a un desconocido. Para su sorpresa, este se dirigió a su puerta y llamó. Al abrir, Swedenborg sintió una confianza absoluta, una necesidad de entrega hacia ese individuo, que se presentó a sí mismo como Jesucristo. Esa tarde sostuvieron una larga charla mientras bebían té.

En Rusia, Jesús vivió y golpeado fue en varios de los tantos pogromos de aquellos años. Luego, con el arribo de los bolcheviques, intentó ayudar en la creación de un mundo sin pobres ni hambre, pero tuvo que huir precipitadamente ante el peligro de un inmediato fusilamiento, al ser acusado de ser creyente, partidario del amor y la fraternidad entre todos, ricos y pobres.

Durante la primera guerra mundial y en Francia fue a parar a la cárcel por negarse a ser reclutado y participar en la matanza de otros hombres.

Guardo una hoja del periódico *Le Figaró* en la que se habla de un tal Fabius Christian, hombre de unos 33 años, quien declara que se niega a matar a nadie y que a los enemigos sólo les dará amor. Finalmente se le consideró loco y se le liberó.

Donde su existencia humana estuvo en verdadero peligro de finalizar fue en Berlín, hacia 1942. Por una delación, tropas de las ss hallaron a un judío llamado Christian Levy, en el hueco de un sótano. Allí se había ocultado hacia doce meses y se alimentaba con una hogaza de pan viejo y un vaso de agua que le daba, a las doce de la noche, una vecina mitad judía que pasaba por alemana. Lo denunció la hija de la señora, temerosa de que el encubrimiento lo descubrieran otros vecinos y ella y su madre llevadas a un campo de concentración.

En un vagón de reses, encerraron a Levy, junto con algunas decenas de judíos, y enviado a cientos de kilómetros de distancia. Cuando llegaron estaba desfallecido, pero, sin embargo, ayudó a otros en peor estado que él.

Finalmente, cuando era conducido a un horno crematorio, el Padre tuvo que intervenir por primera vez en todo su largo peregrinaje terrestre desde Jerusalén y sustituirlo por un judío ya moribundo.

Esa historia la sé porque me la contó un compañero de cautiverio de Christian Levy.

Termino mi relato. Pronto llegará Fuente Fontana con su eterna sonrisa, acompañado por el enfermero más rudo que, probablemente, traiga una jeringa en la mano. Según Fuente Fontana, estoy sufriendo de alucinaciones y es necesario sedarme cada ocho horas. Pobre Fuente Fontana. Si supiera todo lo que yo sé.

Luego de salir del campo de concentración, Jesús ha estado en múltiples lugares. En el Japón, Rusia, Yugoslavia, Ruanda y en todos ha visto lo mismo, crueldad, genocidios. Después sus huellas se vuelven a perder. ¿Dónde se halla ahora? No tengo idea.

Con la llegada del nuevo milenio, debe concluir su informe al Padre que decidirá el destino de todos nosotros. Estoy casi seguro de que nos condenará.

Por eso, tenemos que encontrarlo. No sólo yo. Todos los seres de buena voluntad deben participar en tal empeño. Será necesario crear una organización internacional que se dedique a eso. Haré un llamando revelando y explicándolo todo. Cientos, si no miles, se unirán en su búsqueda. Encontrado lo llevaremos a la Naciones Unidas para que se dirija directamente al mundo por primera vez en dos mil años. ¿Se imaginan, a Jesucristo hablándonos por televisión?

No, a la ONU no. Demasiados hipócritas allí. Él no estaría de acuerdo.

Mejor, hablaremos con él en familia, como hermanos.

Quizá logremos convencerlo de que aguarde un poco más. Él comprenderá que, quizá, con el tiempo podremos cambiar y dejar de ser las peores bestias del universo.

Pero si el Señor no acepta nuestras súplicas, tendremos que apoyarlo en su decisión de liquidación de la humanidad.

De los duelos

Desde pequeño leí y me apasione con las aventuras de *Los tres mosqueteros*, siempre listos a tirar de la espada a la menor ofensa y enfrentarse a los guardias del cardenal Richelieu. Los mosqueteros fueron hombres alegres y fanfarrones que, en cualquier momento, podían perder la vida en sus duelos.

Con los años, leí otros libros de aventuras de siglos pasados y en ellos encontré a individuos valientes, dispuestos a pelear por su honor y sus ideas. Algo me llamó la atención en aquellas lecturas. Los protagonistas morían por sus peleas o de viejos, pero nunca dieron señales de padecer de hipertensión, cardiopatías, úlceras y demás enfermedades similares, tan comunes en nuestros tiempos. Freud no había nacido ni existía el psicoanálisis, pero, si hubiera existido, los psicoanalistas no hubiesen tenido pacientes porque nadie se mostraba estresado ni sufría de trastornos de la personalidad debidos a frustraciones.

Sí, existían trastornados, pero de verdad, esos que conoció el marqués de Sade en el famoso asilo de Charenton. ¿Estaba loco el marqués? De ninguna manera. Era sólo una persona que se dejaba llevar por sus impulsos, sin importarle lo que pensaran de él. A propósito, la mayoría de las desgracias que padeció el pobre hombre provinieron de su suegra, una aristócrata que le persiguió incansablemente hasta verle en la cárcel. Si, entonces, mi ley sobre el matrimonio hubiese estado vigente, Sade, divorciado, habría sido muy feliz.

Entre las decenas de acusaciones que se le hicieron jamás estuvo que fuera un hombre de personalidad reprimida.

En ese sentido, el marqués y los mosqueteros eran parientes cercanos. Todos ellos dieron rienda suelta a sus emociones e impulsos, al igual que miles de personas de aquellas épocas.

Lo contrario sucede con el hombre moderno que además de soportar las constantes prohibiciones externas que le impone la sociedad, vive estresado y frustrado. En el trabajo el jefe le grita, le relega, le obliga a hacer lo que no quiere, sus compañeros y conocidos se burlan y hablan en su contra, su amigo lo engaña con su esposa, y ¿qué puede hacer él de inmediato? Nada, solo rumiar las ofensas a las que ha sido sometido. Cierto que jura vengarse, pero en la práctica esa venganza nunca se consuma y él acumula, año tras año, ultraje tras ultraje, que le van royendo por dentro, consumiéndole, poco a poco, y a los cincuenta años es un pobre diablo que morirá de un infarto, de una hepatitis, de una úlcera sangrante, o se convertirá en un depresivo permanente que se suicida o arrastra una existencia miserable llena de infelicidades. Y todo porque no supo responder a las humillaciones recibidas. Cierto, están los agresores que, supuestamente, viven tranquilos, pero ellos también serán ofendidos por ofensores superiores porque en la sociedad humana (a diferencia de la de las hormigas) todos somos agredidos y agresores. Así, el pobre diablo, humillado durante toda su vida, se vengará en su mujer y en sus hijos a los que agredirá diariamente. Luego, con el tiempo, los hijos humillarán a otros.

Los mosqueteros nunca pasaron por esa situación. Nunca murieron por infartos, úlceras, nunca se sintieron angustiados, ni pensaron suicidarse.

Todo era muy sencillo en su mundo. Me ofendes, conozco que murmuras de mí, desenvaino la espada y en guardia, miserable. La adrenalina y otras hormonas, se disparaban, corrían por todo el cuerpo y el mosquetero se sentía estimulado. Concluido el duelo, en su cerebro no había una mínima gota de represión ni de frustración. Era un hombre feliz que bebía, amaba, reía, peleaba y no permitía que lo ultrajaran, vejaran, insultaran.

Claro que le era posible morir en el combate, pero moría contento. Eso fue así y todo marchó sobre ruedas hasta que los tontos reyes, cobardes que jamás se batieron, comenzaron a suprimir los duelos para proteger a sus miedosos subordinados dados a las intrigas y ofensas. A partir de ahí, la humanidad cayó en la depresión y en la represión mental.

Conociendo todo eso, propondré y haré campaña para que se vuelvan a autorizar los duelos. Estoy seguro que mi propuesta será aceptada. Entonces, los ofensores, los difamadores o los simples murmuradores, se cuidarán de humillar, maltratar, y hablar mal de nadie.

Esto traerá efectos colaterales benéficos. En la sociedad actual surgirá toda una nueva generación de seres valientes que defenderán su integridad y serán paradigmas para otras generaciones. Además, como no estamos acostumbrados a los duelos ni al uso de las armas necesarias, se crearán cientos de escuelas en las que se enseñarán sus técnicas y el manejo de ellas, con lo que aumentarán los empleos.

Los duelos serán con armas, preferentemente la pistola, que sólo requiere habilidad para el tiro. Nada de combates (boxeo, karate, lucha, etcétera) donde la fuerza bruta es la que se impone. En el caso de las personas mayores y discapacitadas pueden ser reemplazadas por un representante joven. En este caso, existe la variante de un duelo en el cual estarán dos copas, una con un veneno y otra sin él. Los contendientes sólo tendrán que tomar una de las copas, sin saber cuál es su contenido. La suerte decidirá quién vencerá y sobrevivirá.

Al principio, habrá cientos, quizá miles de muertos, entre los combatientes, pero ¿qué representa esa mínima cantidad frente a los millones de personas que tendrán una vida más feliz y sana gracias a los duelos?

Una objeción me podrán hacer, ¿que sucederá con las mujeres? Ellas nunca tomaron parte en duelos y combates y serían incapaces de hacerlo. Tonterías de una sociedad machista. Si pueden practicar todos los deportes masculinos, incluyendo los más rudos, también podrán batirse como cualquier hombre. Contra otra mujer o, incluso, contra un hombre. En el duelo lo importante es la habilidad del contendiente no su fuerza física.

Seguramente, las mujeres serán mis más entusiastas seguidoras. En la actualidad, son las más ofendidas, abusadas y maltratadas y, por tanto, estresadas y reprimidas. En el duelo encontrarán respuesta a las tantas agresiones que sufren a diario. Cuando los hombres sepan que una mujer les puede colocar una bala entre los ojos dejarán de molestarlas.

Decidí no informarle al buen doctor Fuente. Podría malinterpretarme y pensar que yo era un ser agresivo, cuando, en realidad, él lo sabe bien, soy el hombre más pacífico y dulce que se pueda hallar. Eso no me impide ver lo que sucede en este mundo. Ya escuchaba sus objeciones: "Demasiada violencia, demasiada sangre, no estamos preparados para tanta furia; se creará una casta de matones, diestros duelistas que asesinarán con total impunidad y a los que nadie querrá enfrentarse. Habrá más reprimidos que nunca".

Pobre Dr. Fuente. No entiende lo que dice. Él mismo es un reprimido más que no quiere escapar de su represión.

Al final, lo visité, como estaba establecido. Lo hallé muy deprimido y triste.

—¿Cómo esta, Doc?

—He tenido tiempos mejores —respondió y trató de sonreír.

Sin duda, el pobre hombre estaba pasando por un mal momento. Me esforcé y traté de consolarlo.

—Así es, todos tenemos rachas malas, pero siempre pasan —le dije.

—No siempre —el pesimismo lo tenía bien agarrado por el cuello. Probablemente había sufrido una gran frustración y no lograba salir de ella. Quizá su mujer lo había engañado o el director del hospital le gritó.

—Debe de tener optimismo —dije

Por unos segundos, estuvimos callados, pero yo podía sentir sus malos pensamientos, moviéndose por su cabeza.

—En fin —dijo débilmente —¿cómo va todo? ¿cómo te sientes?

—Maravillosamente bien, con excelentes noticias.

—Me parece estupendo, pero ¿qué ha sucedido?

—Han prometido arreglar la calle de mi casa. Ya ni los carretones pueden cruzar por ella. Y el edificio de la esquina, el que se derrumbó hace cuatro años, matando a diez inquilinos, ¿lo conoce?

—He oído hablar sobre él.

—Han decidido reconstruirlo. Allí todavía viven tres familias con peligro para sus vidas —sonreí satisfecho.

—Buena noticia, pero de ti, personalmente, ¿qué me puedes decir? —el Doc volvió a entrar en su papel de psiquiatra —¿Sigues escribiendo como terapia?

—Por supuesto. Y es maravilloso.

—¿Y qué escribiste de nuevo?

El timbre del teléfono sonó, pero él no contestó. El sonido del timbre me recordó el quejoso ladrido de un perro.

—Bueno, algo sobre los duelos.

—¿Los duelos? Seguramente habrá mucha sangre y eso no es bueno para ti.

Sabía, sabía, que me diría aquello.

—Yo te recomendaría otros temas, por ejemplo, los históricos. Siempre te ha gustado la historia y la conoces. Eso te tranquilizará.

Sí que conocía la historia, de sus mentiras y falsedades. Precisamente la historia y los estudios históricos serían mi próximo Proyecto, pensé.

Nos despedimos, él deprimido, necesitado de un psiquiatra, yo alegre, quedando para un próximo encuentro. Al salir de la consulta, caminé aprisa. Estaba ansioso por llegar a la casa y comenzar a dar curso al torrente de ideas que bullían y estallaban en mi cerebro. Me sentí eufórico.

37

Antes de escribir, leí, por casualidad, un cuento de Mark Twain[2], sobre dos duelistas franceses, que me hizo comprender que algo faltaba en mi propuestas sobre las armas a utilizar. Estas no sólo serán pistolas, espadas, sable, florete. A elección de los duelistas deberá haber un amplio surtido de otras. En el caso de ofensas irreparables y odio intenso entre las partes, que concluirá con la muerte de uno de los combatientes, habrá también, a elección, lanzallamas, ametralladoras, bazucas y hasta cañones ligeros. En estas situaciones, el terreno de combate deberá ser muy amplio y al aire libre. Si los duelistas aceptan estas últimas armas y no tienen experiencia militar tendrán que recibir preparación previa de parte de especialistas.

Importante también es que los duelos nunca se celebren al amanecer pues se corre el peligro de que los combatientes se resfríen y comiencen a estornudar con lo cual su capacidad de pelear disminuirá notablemente.

---

[2] Escritor norteamericano de obras maestras cuando están bien escritas y otras pésimas y tontas cuando están mal escritas (A. T.)

Llamada de Fuente Fontana

Terminaba de leer el relato sobre Jesús cuando sonó el timbre del teléfono.
—Hola, Santa —dijo una voz cascada.
—¿Quién es?
—Fuente Fontana.
—No te reconocí, ¿qué te sucede?
—Estoy muy acatarrado. ¿Has leído el cuaderno?
—Acabo de concluir el capítulo sobre Jesús.
—¿Qué te pareció?
—Simpático y delirante.
—Sobre todo delirante y más que delirante alucinante. Me preocupa mucho.
—¿Por qué? A veces, dice cosas novedosas que me hacen reflexionar sobre aspectos de la vida de Jesús en los que no había reparado o no conocía, como el que Pilatos esté canonizado por una iglesia. Se ve que Trase ha viajado e investigado mucho.
—Tonterías. Todo lo que dice lo sacó de Wikipedia. Hoy cualquiera es culto si entra en Wikipedia y en la red.
—Es posible.
—Lo que me preocupa es que ese escrito demuestra que sus alucinaciones se han agravado. Quizá llegue a decir que es Cristo.
—¿Y eso que importa? El mundo está lleno de gente que se hace pasar por enviados de Dios en la tierra.
—Sí, pero Trase, en su papel de Cristo desencantado de los Hombres, pudiera emprender acciones violentas. He cambiado de parecer sobre él. Tengo que encontrarlo y encerrarlo de nuevo.
—Organicemos un grupo para su búsqueda mundial. Cientos se nos unirán —intenté bromear.

—No digas tonterías.
—¿Qué harás?
—Por de pronto, si Trase da alguna señal de violencia dar aviso a la policía. Ella se encargará de él.
—Primero déjame terminar de leer el cuaderno. En breve lo concluiré. Luego haz lo que quieras, aunque no me parece una buena idea lo de la policía. A demasiada gente anda buscando en el mundo y a la mitad no las halla.
—De acuerdo. Esperaré 24 horas.

Escuché, por el teléfono, ruidos extraños, como de cristales que se rompen y un golpe seco, igual que el de un madero que cae sobre el suelo. Luego alguien gritó.

—Fuente, ¿estás ahí? ¿Qué sucede? —dije.

Sólo el silencio me respondió.

Colgué y me quedé pensativo. ¿Qué habría sucedido con mi amigo? ¿Qué hacer? Por de pronto nada. Sería ridículo avisar a la policía. Más tarde lo llamaría o iría por su casa, me dije y volví a la lectura del manuscrito.

Por el título, el siguiente capítulo prometía ser interesante.

Liquidación de la historia y de los historiadores.

Auge del futurismo

Meditaba sobre lo que escribiría, cuando Esperanza me anunció la llegada del célebre historiador Marañón Castaño. Era uno de los pocos a quienes les permitía la entrada en mi casa. Llegaba oportunamente. Quería ver que tonterías me contaría.

—Salud —me dijo, y entró como una tromba en el despacho— Tengo importantes descubrimientos históricos que comunicarte.

Se veía alegre, más que alegre, satisfecho, rebosante de entusiasmo y vitalidad para sus sesenta años y sus 250 libras de peso. En breve recibiría un sillón en la Academia y una importante condecoración entregada por nuestra máxima figura política. En resumen, todo un éxito de hombre, con decenas de libros y artículos publicados, tres cuartos de ellos escritos en colaboración con alguien que llevó el peso del trabajo y un cuarto sacado (¿plagiado?) de otros libros y artículos.

No me dio tiempo a responderle. Marañón pertenece a la orden de los habladores egocéntricos perpetuos. Era, sin duda, un gran egotista, como... en fin, las comparaciones no siempre son buenas.

—Sabrás que he hecho un trascendental descubrimiento —sonrió y se arrellenó en un butacón— ¿Te preguntarás cuál? Moví la cabeza.

—He descubierto papeles que demuestran que Napoleón nunca tuvo cordales. Una carta, encontrada, de su madre a su tía lo confirma. Yo, yo, la he descubierto.

—Y... —intenté decir.

—Ya te imaginarás la importancia de eso, no solo en la historia, sino en todos los campos de la ciencia. En la politología, en la sociología, en la teoría de la conducta, en la psiquiatría, en la fenomenología, hasta en la semiótica y el terreno militar

—Marañón Castaño —suspiró—. El hecho de que el Emperador careciera de cordales pudo haber influido en su conducta y confirma la teoría de Heysleisly de que la ausencia de cordales hace al hombre más agresivo. Instintivamente, me toqué la garganta. Nunca he tenido cordales, pero, ya lo dije, soy muy pacífico.

—Lo hace más agresivo porque es más irritable —continuó Marañón su disertación— pero, al mismo tiempo, lo hace menos reproductivo, lo cual se confirma en que Napoleón sólo tuvo un hijo y enfermizo. Mi descubrimiento lo demuestra. También los lingüistas estarán involucrados porque, ya sabes, el vocablo cordal está relacionado con cor, corazón, y cordial. Napoleón nunca fue cordial, sino bien agresivo, por la ausencia de sus cordales. Esto es todo un acontecimiento científico que yo, sólo yo, he provocado; te imaginas los reconocimientos que vendrán. Ya veo los titulares en la prensa con mi nombre y qué decirte de los que han venido afirmando todo lo contrario. ¿Dónde se meterán Pesado, Stone, Carbón...?

Sin poder evitarlo, los ojos se me cerraron, pero llevaba puesto lentes oscuros y Marañón no lo notó. Su voz me llegaba de muy lejos y dejé de escucharla.

El timbre del teléfono me sacó de mi modorra, pero no contuvo el discurso de Marañón que ahora estaba de pie.

—En fin, para qué decirte, ya ves la enorme trascendencia de este inmenso estudio histórico mío.

Marañón miró su reloj.

—Bueno, me esperan en la academia donde debo dar un discurso sobre mi descubrimiento. Sólo vine un minuto para saber cómo estabas y a darte esta gran noticia. Que tengas una buena tarde. Cuídate.

Marañón Castaño me extendió una mano de dedos flojos que yo apreté sin mucho entusiasmo y partió tan aprisa como había llegado. ¿Tendría cordales Marañón? En ese instante, el teléfono dejó de sonar.

Fuera las interrupciones. Desconecté el teléfono, le di órdenes a Esperanza de que no permitiera ninguna intromisión, cerré la puerta del despacho y comencé a escribir mis ideas sobre la historia. La visita de Marañón y su cháchara barata me habían dado otro motivo para que lo hiciera. Era necesario demostrar, en bien de la humanidad, la inutilidad de los historiadores y de la historia.

No hay que pensar que, por loco, no soy buen conocedor de los entresijos históricos. El saber de diez locos es mucho más útil que el de cien cuerdos que, por cuerdos, todo lo acomodan a sus intereses y opiniones preconcebidas. Los locos, en cambio, todo lo van diciendo según les viene a la mente, sin preocuparse de sus provechos. Lo malo es que sus ideas las exponen fragmentadas, sin cuidarse de un orden lógico y, así, lo mismo pueden afirmar, con lujo de detalles, que Napoleón nacerá mañana y enseguida que Cristo aún está vivo y escondido.

Debo decir que nací y me crié entre historiadores. Mi abuelo y mis tíos lo eran. Constantemente discutían, nunca se ponían de acuerdo y sé muy bien que, por ganar una discusión histórica, eran capaces de inventar disparates y escudarse detrás de toda clase de fábulas y mitos. Eso es precisamente la Historia, un gran y falso mito.

Los primeros historiadores occidentales, Herodoto, Tucídedes, Jenofonte y Polibio lo que hicieron fue contarnos lo que ellos vieron o creyeron ver, matizadas sus opiniones por sus propios prejuicios, odios e intereses. Desde entonces hasta acá, los historiadores lo que han hecho es estar repitiendo, con mucha erudición y lecturas, lo que otros historiadores afirmaron haber conocido. Algunos, muy pocos, se basan en escasísimas fuentes documentales de los periodos estudiados, las cuales no tienen ningún valor real. Así, suponer que sea verdad lo que nos dice un documento anónimo del siglo I sobre Julio César es una tontería. Tal documento pudo haber sido escrito por un tal Judas o un cierto Longino y nada nos permite afirmar que escribieran lo real, sino lo que les vino en ganas sin atenerse a lo que sucedía ciertamente en ese momento. La Guerra de las Gálias, de haber sido narrada por un galo, seguramente hubiese dicho cosas diferentes de las que nos contó Julio César. Los libros de historia nos hablan de grandes hechos, de monarquías, tiranías, democracias, conquistas, luchas, batallas, pero casi nunca de la gente simple y corriente. Y eso es lo nos gustaría saber, quién fue el tatarabuelo del tatarabuelo de mi tatarabuelo. ¿Qué hacia toda esa gente? ¿Cómo se comportaba, sufría y se alegraba? ¿Cómo comían y fornicaban?

Lo demás es pura palabrería, como la de Marañón Castaño, que no le interesa a nadie. ¿Qué le importa a un hombre común y corriente conocer que Julio César conquistó las Galias, que se convirtió en emperador y tirano y murió asesinado por un grupo de sus amigos? ¿Qué ganamos con saber que Napoleón fue emperador, participó en tales y tales batallas, fue derrotado en tal cual fecha y no tuvo cordales? ¿ A quién le interesa que el rey visigodo Atanagildo murió en el 567 y que uno de sus sucesores, Leovilgido reconstituyó el reino visigodo en Hispania? Esta es la verdad que los historiadores no quieren reconocer. La historia no tiene ningún peso en nuestras vidas diarias, lo más que provoca son malos recuerdos de saqueos, crueles matanzas, humillaciones. Seamos honestos, el pasado no fue, no es, hermoso, sino un sendero lleno de atrocidades que llegan hasta hoy.

Se nos dice que conocer la historia nos evita cometer los mismos errores. Totalmente falso. El hombre comete y cometerá mil veces las mismas acciones que otros hombres cometieron mil años antes que él. El káiser Guillermo perdió la guerra por pelear en dos frentes y apenas veinte años después, Hitler repitió el mismo error. Es evidente que la experiencia histórica no le sirvió a Hitler, igual que no le sirvió al emperador Justiniano intentar repetir los pasos de Augusto.

Con frecuencia, los recuerdos históricos son manipulados, maliciosamente tergiversados, para provocar en las masas sentimientos de odio, violencia y conquista. Se nos quiere hacer creer que debemos ir a pelear porque nuestros antepasados combatieron por los mismos motivos que nosotros. Sabe Dios por qué lucharon nuestros ancestros, si es que, en verdad, lucharon y no huyeron despavoridos.

Sobre todo, los regímenes totalitarios son muy dadas a la patriotería histórica barata para hacerle olvidar a sus ciudadanos lo mal que viven.

En resumen, ha quedado perfectamente demostrado que el estudio de la historia no tiene ninguna utilidad práctica y sí un alto precio.

Piénsese en los miles de centros investigativos dedicados a tales estudios, en los miles, millones de personas, que laboran en ellos y los altísimos sueldos que reciben, en las cientos de universidades dedicadas al mimo fin, en los miles de libros, folletos, artículos, tesis de doctorado, por no hablar de conferencias, charlas, simposiums, congresos, etcétera, que se dedican a este tema.

Cualquier persona en su sano juicio comprenderá, y me dará la razón, de que es imprescindible prohibir los estudios históricos. Todos los libros, todas las bibliotecas de obras históricas, se guardarán y se cerrarán. Se cerrarán también los centros dedicados a esas actividades y las personas que se ocupan de ellas se transferirán a tareas diferentes. Lo más que se permitirá serán pesquisas relacionadas con el pasado de la familia y su procedencia.

Los que desobedezcan y clandestinamente se dediquen a rastrear la historia serán enviados a lugares distantes para que, si quieren, investiguen las memorias de los pueblos locales, desconocidas o mal conocidas hasta ahora, por ejemplo a Groenlandia, al Sahara o a la Patagonia.

El terrible pasado histórico será olvidado y se comenzará una vida a partir de cero. En una o dos generaciones nadie sabrá quiénes fueron Nerón, Calígula, Atila, Stalin, Hitler ni que hubo una primera y segunda guerra, mundiales, ni que estuvimos a punto de perecer en una tercera que, por suerte, no estalló.

Olvidadas las miserias que dejamos atrás tendremos una mayor felicidad. Los habitantes de los pueblos primitivos no tenían conciencia de su pasado y fueron muy felices.

En el plano material, eso ahorrará enormes cantidades de dinero que podrán destinarse a una tarea mucho más productiva. Aquí está, precisamente, el centro y lo más importante de mi Proyecto, el futuro.

El futuro podrá ser estudiado y predicho con el auxilio de las poderosas técnicas de computación. El porvenir está compuesto por el conjunto de acciones que realizamos en el presente. Así, si un compatriota mío toma la decisión X, digamos de marcharse del miserable país donde vive, eso producirá múltiples consecuencias. En otro lugar pudiera hacerse rico, lo cual, a su vez, inducirá innumerables posibilidades. ¿Será feliz? Seguramente, pero contraerá nuevas obligaciones que le obligarán a ser muy cuidadoso con el dinero; si lo coloca en inversiones podrá arruinarse, lo cual le conducirá a una profunda depresión que, quizá, le ocasione una enfermedad mortal o quizás le lleve al suicidio.

En cualquier variante, el futuro es incierto y la incertidumbre, lo sabemos, provoca estrés, angustia e infelicidad. Para conocerlo, y así evitar la incertidumbre, sólo habrá que calcular los millones de posibilidades que se desprenden (como en un juego de ajedrez) de las actuales decisiones. Eso lo harán superpoderosas computadoras. Todo será cuestión de paciencia, laboriosidad y tiempo que se obtendrá cuando este no se desperdicie en las absurdas investigaciones históricas.

Mi encuentro con Catafito

Ya dije que durante mucho tiempo seguí el rastro de Jesús. Aquello me llevó a viajes por los más apartados lugares del mundo en los cuales tuve los más extraordinarios encuentros. Algunas veces con personas inmortales, pues, pronto lo supe, Jesús no era el único inmortal. Ese fue el caso del Judío Errante.

Quizá no sea necesario decir quién es, pero, sin embargo, para las mentes obtusas que me lean, explicaré que este buen hombre fue un guardián judío. Según la leyenda, al caminar el pobre Jesús hacia su crucifixión se detuvo un instante para tomar aliento. Entonces, Catafito, que así se llama nuestro personaje, le dio un violento empujón.

Jesús lo miró y le dijo "El Hijo del Hombre se va, pero tú esperarás a que vuelva", es decir, lo condenó a vivir eternamente hasta que él, Jesús, regresara a la tierra.

Hace unos años lo encontré en Ciudad de México. Andaba yo por aquella ciudad, en la búsqueda del Mesías. Si en esta enorme y bella ciudad, me dije, se han producido innumerables milagros y la virgen de Guadalupe se ha presentado aquí, no es descabellado pensar que el Salvador se halle escondido en algún rincón de la urbe. Quizá su indescifrable plan sea regenerar a estas buenas personas de Ciudad México.

Así pensaba yo mientras vagaba sin rumbo fijo al anochecer por la zona del sur. Cansado y hambriento me detuve en las calles Trípoli y Municipio Libre frente a un pequeño puesto de venta de tacos. Llegaba hasta mí el característico olor de las tortillas y de las fritangas cuando me acerqué al vendedor. De piel morena y reseca, pelo encrespado, tendría cualquier edad, aunque yo calculé que no pasaría de los cincuenta. Sus manos eran grandes, fuertes y en sus ojos negros se reflejaban un profundo cansancio y abatimiento. Una pequeña barbita triangular le cubría el mentón. Cuando con voz herrumbrosa me saludó y preguntó que deseaba, comprendí que no era mexicano. Hablaba español, pero aquel era un español de vocales alargadas y verbos conjugados de una extraña manera que yo nunca había escuchado y que me recordó mis lecturas de antiguos textos castellanos de muchos siglos atrás. Pero lo que más me llamó la atención fue su nariz. No era mexicana, ni hispana, ni negroide. Una nariz así solo podía ser semita, es decir, judaica. Lo sabía por mis investigaciones sobre Cristo. Mi curiosidad pudo más que mi prudencia y no pude evitar interrogarle sobre su origen.

Él calló, quizá preguntándose quién era yo y por qué tal pregunta, pero, al saber que no era periodista ni nadie peligroso, hizo el gesto de resignación de quien sabe que está obligado a confesar. Después me respondió con inseguridad mientras me servía un taco al pastor:

—Sí, soy judío, seguramente el judío que más tiempo ha vivido en este mundo.

Tal respuesta me sorprendió, pero, antes de hacer algún comentario, saboreé el taco. Estaba delicioso.

—¿Qué quiere decir? ¿Cuánto tiempo?

—Por mi cuenta, y si no me equivoco, 2,030 años. No sé por qué le revelo esto, pero algo en mi interior me dice que es usted el hombre enviado para librarme, por fin, de mi eterna carga.

¿Estaría chiflado aquel taquero? Me respondí que no e inmediatamente intuí que me hallaba frente a una importante pieza del rompecabezas histórico que intentaba armar.

—Esos son muchos años.

—Pocos, comparados con los que aún me quedan por vivir. ¿Otro taquito?

Asentí con la cabeza y con presteza me sirvió un nuevo taco, aún más delicioso que el anterior.

—¿Y hasta cuándo piensa vivir? —pregunté entre mordisco y mordisco.

—Hasta que él regresé definitivamente y me libere de mi condena.

Lo presentí, lo presentí, yo estaba nada menos que frente a...

—Perdón y ¿cuál es el nombre de usted?

—Aquí en México me llamo Israel Cruz, el taquero, pero antes he tenido otros muchos nombres diferentes, Ashaverus, Larry el caminante, Cartophilus, Johnny el errante, Ausero.

—¿Y el verdadero?

—Catafito.

—El Judío errante.

—El Judío errante —confirmó— Siempre esperando por la vuelta del Señor, pero nunca lo he podido encontrar.

El atardecer se había vuelto noche cerrada y en los alrededores no se veía a nadie. Sólo éramos el Judío Catafito y yo, frente a un modesto puesto de tacos, iluminados por la luz de la farola más cercana.

Quizá él tuviera, pensé, información sobre el paradero de Jesús.

—Yo también lo busco —dije intranquilo.

Entonces Catafito, emocionado, me contó su vida y su tragedia a través de los siglos.

Todo había nacido de una terrible confusión. Sí, él había empujado al Mesías, pero no lo había hecho por maldad, sino, simplemente, porque, en el tumulto que se formó al salir Jesús hacia su crucifixión, a él lo habían empujado con violencia y al caer se fue, sin querer, contra Jesús, a quién también empujó. Eso fue todo. Él incluso, había llegado a creer en Cristo, con gusto le hubiese ayudado, hasta cargado su cruz, pero su trabajo de guardia y el tener una numerosa familia, le habían impedido unirse abiertamente a sus seguidores.

Catafito suspiró y secándose las lágrimas, miró hacia el cielo donde brillaba una tenue luna.

Aún recordaba la mirada de reproche de Jesús, al caer por el empujón, y sus palabras de condena.

Durante dos mil años, Catafito, había aguardado por ese regreso que lo liberaría de la terrible carga de ser inmortal, la carga de ver morir a toda su familia, a todos sus amigos, a todos los que llegaba a conocer, y ver repetirse siglo tras siglo las mismas situaciones, los mismos crímenes, torturas y sufrimientos en la Tierra. Varias veces, había intentado suicidarse, pero en vano. Las heridas que se hacía no lo mataban y sobrevivía. ¿Dónde no había estado? En todas partes.

En Roma con Nerón, en Armenia, en la España árabe y en la católica de la cual había sido expulsado, junto a otros miles de judíos, refugiados en el Medio Oriente y en Turquía. De ahí su dominio del español antiguo. Luego en la Venecia del Medioevo, en la Rusia del siglo XIX. Eternamente en la espera del regreso del Mesías, pobre y hambriento porque a pesar de la creencia de que los judíos son ricos y opulentos, él no pasaba de ser un infeliz miserable. A México había llegado huyendo de las persecuciones nazis, pero lo mejor que había conseguido era aquella pequeña taquería.

Cuando alguien se acercó y pidió un taco, Catafito calló mientras entregaba el pedido. Al marcharse el comensal se volvió hacia mí y continuó su historia.

—¿Pero y Jesús, usted no volvió a verle? —pregunté ansioso.

Por supuesto, aquello hubiese significado la muerte de Catafito y el fin de su suplicio, pero él no estaba seguro.

Hacia 1890, mientras vivía en Rusia en un gueto judío, fue atrapado en un pogromo y golpeado ferozmente por el sable de un cosaco que le inutilizó el brazo.

Catafito se abrió la camisa y me mostró unas cicatrices en su brazo izquierdo. También me mostró otras marcas de golpes y heridas en su abdomen y espalda.

—Esto es lo que he recibido en estos dos mil años de los seres humanos, las criaturas más crueles del planeta —exclamó con voz ronca.

—¿Y en el pogromo de Rusia qué pasó? —yo necesitaba conocer.

Mientras era apaleado vio a un judío a unos pasos de él, también golpeado, que, a pesar del tiempo transcurrido, se le pareció a Jesús.

"Él ha regresado, al fin seré libre", se dijo y perdió el conocimiento. Cuando lo recobró, estaba sólo, tirado en la calle en medio de un charco de sangre.

Cincuenta años más tarde, en la Alemania nazi, en un campo de concentración creyó identificar en otro judío, a quien conducían hacia el horno crematorio, al Jesús que él empujara 2,000 años atrás. Pero solo fue por un instante porque el supuesto Jesús desapareció de repente, como tragado por la tierra, con seguridad confundido entre las decenas de presos que caminaban hacia la muerte.

—No, el Maestro no ha regresado y yo sigo sufriendo —murmuró Catafito adolorido.

No supe qué decirle, pero no podía mentirle. Hubiese sido una canallada.

—Jesús nunca ha muerto. Se ha mantenido vivo durante 2,000 años y aún vive —dije lentamente y le expliqué mi actividad y lo que yo había llegado a saber.

No sé cómo describir el gesto de asombro de Catafito. Sus ojos se abrieron enormemente y elevó las manos hacia el cielo.

—¿Eso quiere decir que...? —balbuceó

—Que para regresar, Jesús debe morir primero. En ese momento, el Padre decidirá si es procedente que vuelva o no.

—Así que yo aún deberé aguardar cientos de años más.

—Quizá no. Quién sabe. Lo más probable es que el Señor decida que todos, incluyéndolo a usted desaparezcamos.

—No es justo, no es justo —las lágrimas corrieron por las mejillas de Catafito —que yo siga aquí vivo y vendiendo tacos.

Aquel pobre hombre con su terrible destino me provocó una gran tristeza.

51

—Si llego a encontrar a Jesús le pediré que revoque la pena a la que le condenó —le prometí—. Estoy seguro que lo hará. Quizá ni se recuerde de lo que le dijo hace 2,000 años.

Catafito no respondió nada y hundió la cabeza en el pecho. A mí me pareció una estatua de piedra. No había nada más que hablar Terminé de comer mi taco, pagué y me marché. Al llegar a la esquina próxima me volví. Algunos clientes habían llegado y Catafito, siempre con la cabeza baja, preparaba nuevos tacos.

Mientras caminaba me dije que tenía que presentar otro Proyecto por el cual se prohibiera condenar a alguien a sufrir por toda su vida, no importara que crimen hubiera cometido. Catafito debía ser perdonado ya. Si el crimen fuera monstruoso, es preferible acabar con la vida del criminal antes que someterlo a la tortura de la soledad y el encerramiento eternos.

El día del ajuste de cuentas o el regreso al oeste americano

La conversación con el Dr. Fuente me hizo meditar sobre mi plan de los duelos. Algo fallaba en él, pensé. ¿Qué era? Semanas enteras estuve meditando, hasta que, por fin, comprendí.

Se me hizo evidente que los duelos sólo solucionarían parte del estrés de algunas personas, pero no de todas. Habría muchas que, por timidez, falta de audacia o cobardía, no se atreverían a retar a duelo. Pero, sobre todo, muchos ofensores no aceptarían batirse o se esconderían por un tiempo. En ese caso, el estrés continuará afectándonos.

¿Cuál sería la solución? Que nadie pueda esconderse ni evitar batirse. Que todos tengan que enfrentar a sus enemigos, pero no bajo las reglas formales de un duelo, con presencia de padrinos, pasos a contar y órdenes para disparar. Nada de eso. Se necesita ser más ejemplarizante y fuerte. Los pillos y los cobardes no escaparán, no encontrarán lugar donde esconderse impunes. En cualquier sitio donde estén se les podrá ir a buscar y deberán defenderse o afrontar las consecuencias.

Esa será la hora definitiva y final del ajuste de cuentas con los malos.

Y qué mejor ejemplo de justicia inmediata y sin contemplaciones que la del viejo oeste americano en el cual solo era necesario desfundar para dar su merecido a un miserable canalla.

Wyat Earp, sus hermanos Virgil y Morgan, Doc Holliday, serán los ejemplos a seguir. Ellos se enfrentaron valientemente a los canallescos McLaury y a los Clanton, en el O.K Corral, y los vencieron, cobrándoles todos los desmanes y atropellos que habían cometidos. Los McLaury y los Clanton quedaron tendidos en el polvo o huyeron y nunca más gente así se atrevió a ofender a nadie. También el gran Bat Masterson, caballeroso y valiente, será ejemplo. Earp, Holliday, Masterson, todos desenfundaban aprisa y no dejaban agravio sin pagar. Gracias a ellos, decenas de sabandijas desaparecieron del viejo oeste. Hombres así son los que necesitamos en estos tiempos.

Imagínense, el vecino me ofende, lo reto a duelo, pero él se niega a batirse, me evita y yo no puedo cobrarle las cuentas. Entonces llega el extraordinario Día del oeste americano cuando salgo armado a la calle en su busca. Lo encuentro, lo conmino a defenderse, lo obligo a enfrentarme y acabo con él.

Pero no sólo buscaré y acabaré con aquel que me ha ofendido personalmente. También podré hacerlo con cualquiera que sea considerado un ofensor de las buenas gentes y de la sociedad. Un familiar, un amigo, cualquier persona honesta o un justiciero, podrá cobrar, a riesgo de su vida, el agravio cometido contra un infeliz indefenso.

Alguien me puede preguntar por qué no tomo de emblema de este Proyecto mío para acabar con los bribones a Don Quijote. Qué absurdo. El hijastro de Cervantes no fue más que un pobre orate que nunca logró hacer pagar una verdadera ofensa y del cual todos, el cura, el barbero, el posadero, los condes, se burlaron y maltrataron. Él sí hubiese necesitado alguien que le defendiera de los agravios que le hicieron.

Ahora bien, no podemos volver totalmente al viejo oeste americano donde en cada minuto se arreglaban cuentas. Eso será imposible en el mundo moderno que se vería paralizado.

Por eso mi propuesta es que se declare, una vez al año, el Día del Oeste y del ajuste total y absoluto de cuentas. Será feriado y, desde la salida a la puesta del sol, todos podrán salir armados a la calle y cazar a cuanto canalla encuentren a su paso. Especial cuidado habrán de tener los políticos deshonestos, los periodistas aduladores, los ladrones del mercado agrario y los habituales maltratadores burocráticos. Estos últimos son una raza que deberá desaparecer para bien y felicidad de la humanidad. Durante las 24 horas del Oeste no habrá diferencia de sexo. Las mujeres irán armadas y también podrán ser ajusticiadas, en especial las chismosas y enredadoras.

Será una batalla dura de todos contra todos porque los ofensores no se quedarán cruzados de brazos y se defenderán.

Al final ganará la especie humana porque serán liquidados muchos de los ofensores y otros, por temor, dejarán de serlo.

Estoy seguro de que, luego de varios años con oestes americanos, todos seremos hermanos y nos amaremos como nunca antes.

La gran risa

Alguien que lea estas notas podrá pensar que soy un demente amante de la violencia y de la venganza. Qué erróneo. Para probarlo, presentaré mi Proyecto de la risa. Sí, la risa. Son muchas las explicaciones sobre el origen de la risa y todas son intrascendentes. ¿Qué importa que, en sus orígenes, la risa fuera la continuación de los gestos de aquel que ganaba una pelea o la respuesta física del hombre primitivo al obtener lo que deseaba?, lo mismo que sucede con el recién nacido cuando su madre lo complace? Es también intrascendente que fuera la respuesta a un peligro superado o que sea genética y evolutiva. Eso no interesa. Lo relevante es que la risa desencadena anticuerpos en nuestro organismo que combaten los elementos patógenos, genera endorfinas, aplaca la ira, aumenta el ritmo cardiaco y regulariza el pulso; en fin, elimina nuestro estrés.

Sin embargo, cada día son menos los que ríen. La causa es una y sólo una, las personas viven, lo repito, amargadas, frustradas, cavilando, unas, en los males que le han hecho y, otras, meditando en cómo provocar nuevos daños.

Mi solución es sencilla, hay que reír. Hay que combatir y desterrar a los amargados y a los pesimistas. Atención, no se trata de ser optimistas perpetuos e incorregibles. Para estos tengo otros proyectos.

Nunca reír a deshora por el chiste contado por un tonto cualquiera o por un payaso presentador de la televisión. Para que la risa sea verdaderamente beneficiosa deberá ser reglamentada cuidadosamente, en sus horas apropiadas.

Se establecerán tres horarios diarios. Uno al amanecer, entre 7 y 7:30 de la mañana, cuando nos preparamos para nuestras tareas habituales. Reunida la familia, bajo la dirección del padre o de la madre, pondrán la televisión que transmitirá un programa especial al efecto. En él, uno o varios super actores, disfrazados de monos, cacatúas y cerdos, nos harán reír contándonos sus vidas verdaderas. Luego, antes del refrigerio del mediodía, en los centros de trabajo, de estudios, de negocios, en todas partes, habrá, por treinta minutos, reuniones de reidores en las cuales todos se burlarán de todos, en especial de los jefes. Esto podrá provocar asfixias, ahogos, desmayos, incluso alguna que otra muerte por risa, algo sin mayor importancia comparado con los beneficios del reír. Los afectados serán reanimados para que puedan volver a la sesión y en casos graves conducidos a centros de socorros donde no podrán ser tratados de inmediato porque allí todos estarán riendo. Luego, al anochecer, a las siete, habrá una última sesión familiar de gran risa frente al televisor, viendo a los políticos que nos explicarán sus planes para elevar el nivel de vida de la población. Al finalizar cada intervención, el público presente en el programa podrá aplaudir o lanzarles *cakes*, huevos podridos, agua. Los políticos, a su vez, podrán responder los ataques con los mismos proyectiles. No se permitirá ningún objeto que dañe físicamente.

De sólo pensar en esta propuesta ya me estoy riendo.

Mi plan puede parecer sencillo, pero no lo es por la razón de que no todos se reirán de buena gana y honestamente. Habrá quienes se rían con hipocresía, por conveniencia, y esa es la peor de las risas, la falsa y mentirosa. Los que así actúan son, en el fondo, unos mentirosos frustrados y amargados, peligrosos para la sociedad.

Por eso, se creará un cuerpo especial, los guardianes de la risa cuya misión será vigilar que el reír sea verdadero, sincero y sano.

En tal cuerpo ingresarán reales amantes de la felicidad a quienes se les impartirá un curso especial, pasado el cual podrán determinar de una simple ojeada quienes ríen con sinceridad y quienes por hipocresía. Tales guardianes recorrerán la ciudad, en busca de posibles transgresores de la ley. Naturalmente, tendrán autorización para penetrar cuando quieran en los hogares sospechosos.

La primera vez que un falso reidor o, incluso, un no reidor, sea descubierto se le amonestará y se le obligara a reír durante media hora. En caso de reincidencia será llevado ante un juez que podrá condenarlo hasta un año de prisión en una cárcel especial. Allí tendrá que, ver dos veces al día, siempre en solitario, películas de Buster Keaton, El gordo y el flaco, Abbot y Costello, Canfinflas y Tintán. Si no se consigue que ría a carcajadas y se convierta en un verdadero reidor, se le exhibirán, como castigo, filmes de Woody Allen, el peor cómico de todos los tiempos. Por supuesto, se corre el peligro de que el detenido enloquezca.

Los humanos son débiles y hasta los más puros caen en tentaciones. Así, para evitar que algún miembro del cuerpo de vigilantes sea sobornado, se formará un cuerpo de vigilantes secretos encargado de vigilar a los guardianes.

No por gusto, he mencionado a los posibles no reidores. A partir de mi propuesta, la sociedad quedará dividida en dos grupos irreconciliables, los reidores, que serán la inmensa mayoría, y los no reidores, un pequeño grupo obstinado y peligroso.

Incluso preveo que, en el seno de la propia familia, un padre pueda ser un no reidor. Se producirán choques violentos. Lamentablemente, habrá que ser fuerte con esa pequeña minoría que, con el tiempo, desaparecerá.

Puedo garantizar que si se implanta mi Proyecto en pocos años tendremos una sociedad feliz, riente, libre de frustraciones y traumas.

Mi duelo con el Barón D`Artagnan

En la mañana mi ama de llave me anunció que un señor quería verme y me entregó su tarjeta de presentación. En ella, sobre un escudo con dos espadas cruzadas, se leía Barón D `Artagnan. Quedé muy sorprendido y ordené que le hiciera pasar inmediatamente.

Segundos después tenía ante mí a un hombre de unos treinta años, de mediana estatura, delgado, pero musculoso. Calzaba botas de cuero que le llegaban a media pierna, vestía un jubón marrón y unos calzones oscuros que se hundían en las botas. Sus cabellos, cubiertos con un amplio sombrero, le llegaban a los hombros. En la cintura llevaba, sujeta a un gran cinturón de cuero, una larga espada que arrastraba por el piso.

Al verme, se quitó el sombrero y se inclinó ceremonioso

—*Bonjour, Monsieur* —me dijo con solemnidad

¿Quién era aquel hombre que vestía tan raramente?, me pregunté, ¿otro de los tantos lunáticos que andan sueltos por la calle?

—¿Qué se le ofrece, caballero?

—Permítame que me presente, soy el Barón D`Artagnan y vengo a verle por un asunto muy serio.

Mi sorpresa aumentó.

—¿D`Artagnan, el mosquetero inventado por Alejandro Dumas? —le pregunté.

Al parecer, mi pregunta lo molestó porque me respondió con irritación, pero con control de sí mismo.

—*Monsieur*, usted se refiere a mi glorioso antepasado que vivió realmente y llegó a ser Mariscal de Francia, a quien el pillo de Alejandro Dumas quiso presentar como alguien inventado por él. Yo soy su descendiente y también mosquetero.

—Qué curioso, yo creía que los mosqueteros dejaron de existir hace 400 años.

Aquello lo molestó aún más y terminó por enfurecerlo.

—*Monsieur*, nuevamente se confunde. Los mosqueteros siguen existiendo como grupo y yo soy la prueba, solo que actuamos en la clandestinidad para que no nos descubran nuestros eternos enemigos, comandados ahora por el cardenal de New York.

No me quedó muy claro cómo era posible actuar en la clandestinidad y vestirse de una manera tan llamativa, pero no hice comentario. Tampoco entendí qué tenía que ver el cardenal de Nueva York con los actuales mosqueteros.

—¿Y bien, caballero, qué desea de mí?

—Vengo a retarlo a duelo.

—¿A duelo? Soy partidario de ellos y me parecen muy bien, pero, permítame preguntarle ¿por qué motivo? No nos conocemos y, qué yo sepa, nunca lo he ofendido —hubo preocupación en mi voz.

—A mí personalmente no, pero sí a mi antepasado que es como ofenderme a mí. Usted escribió que los mosqueteros eran unos petulantes fanfarrones y ese es un grave insulto tanto para mí, como para todos los otros mosqueteros, camaradas míos.

Mi sorpresa creció al máximo. Efectivamente, yo había escrito algo así y se lo había mandado por *e-mail* a Fuente Fontana. ¿El muy charlatán, chismoso, traidor, le habría reenviado el mensaje a aquel hombre? Por lo visto, tendría que batirme, pero con Fuente Fontana.

—¿Cómo se enteró usted? —mi tono fue duro, casi agresivo —ese escrito lo envié confidencialmente a través de la red.

El Barón D`Artagnan sonrió sarcásticamente y me miró como si yo fuera un retrasado mental.

—*Monsieur*, ¿no sabe usted que en internet no existen secretos? Nosotros los mosqueteros, además de grandes duelistas, nos contamos entre los mejores *hackers* del mundo.

El Barón acarició la empuñadora de su espada y me observó con desprecio y arrogancia.

Aquella mirada me llenó de furor.

—De acuerdo, *Sir*, nos batiremos.

—De acuerdo, *Monsieur*. ¿Qué arma elige? —gritó

—¿Qué arma? —no supe qué responder.

Yo nunca me había batido. Una cosa era proponer la reinstauración de los duelos y otra comenzar conmigo. Me quedé pensativo.

D`Artagnan se veía nervioso y su mano no dejaba de tocar la empuñadura de la espada, preparado a tirar de ella en cualquier momento.

—Mi arma, caballero, es el cañón —respondí resuelto.

—¿El cañón? —D`Artagnan moderno hizo un gesto de asombro— ¡¿el cañón?¡

—Sí, caballero, el cañón —la adrenalina corrió por mi cuerpo— el cañón ligero de retrocarga, de 16 pulgadas. Si soy yo quien elige, esa es el arma que quiero y exijo. Con otra no me batiré.

—Caramba, yo había pensado en la espada o en el mosquete, las armas clásicas de los mosqueteros —susurró— ¿Y a qué distancia?

—Pues a veinte metros y al descubierto. Los dos dispararemos al mismo tiempo, a la orden de fuego.

—Corremos el peligro de convertirnos en mantequilla derretida —su voz era un murmullo.

—Así es.

—Lo mejor sería mosquetes a cien metros o espadas cortas a primera sangre.

—Cañón o nada.

D`Artagnan calló y suspiró. Finalmente se pasó por la cara un pañuelo de seda impregnado en perfume y pidió de beber.

Le ordené a Esperanza que le trajera mi jugo de cocacola, papaya y limón que él bebió de un golpe. Después, sin pedir permiso, se sentó.

—¿Y, en verdad, usted escribió que los mosqueteros eran unos petulantes fanfarrones? —preguntó.

—No dije petulantes. Solo afirmé que eran alegres fanfarrones. D`Artagnan sonrió.

—Ah, eso cambia la situación. Fanfarrones, que viene de fanfarria y de fan, somos todos. Yo mismo tengo muchos fans y no me molestaría si me llamaran alegre fanfarrón.

—¿Eso quiere decir? —pregunté ya más calmado.

—Que no hay ofensa, querido señor, si usted calificó a mi glorioso antepasado de fanfarrón. En ese caso no es necesario batirse y podemos ser amigos, tanto más que los dos somos partidarios de los duelos, una forma de regenerar y hacer feliz a la sociedad —El Barón D`Artagnan me abrazó con fuerza.

Con satisfacción le devolví su abrazo.

—Quiero asegurarle que yo y todos mis camaradas mosqueteros modernos lucharemos y propagaremos en nuestros países su propuesta que demanda la reinstauración de los duelos. Creo que debemos organizar una ONG internacional para esa misión. Usted pudiera ser el presidente y yo el vice.

No respondí y miré por la ventana del salón. En la calle unos chicos reñían y se golpeaban con palos y piedras.

—Bien, piénselo. Estoy de prisa, pero en otra oportunidad hablaremos con más calma sobre ese y otros temas. Venga a verme y le contaré de nuestra sociedad secreta. Recibo todos los viernes a partir de las seis en Paris en el número 5 de la Rue du Fossés, a un costado del Panteón. También puede escribirme a www.duelosyespadas.com o a barondartagnan@mail.cielbleu.fr En la primera dirección imparto, todos los miércoles, a las cinco, clases de sablazos y contrasablazos.

Dicho lo anterior, el Barón D`Artagnan, después de hacer una ceremoniosa inclinación, se caló su gran sombrero y se marchó, arrastrando su espada.

A solas conmigo me dije que debía buscar la manera de evitar que *hackers*, como D' Artagnan, entraran en mis correos. Si continúan haciéndolo tendré que retarlos a duelo.

Los literatos y sus libros

Debo decirlo con toda crudeza, hoy los literatos somos innecesarios, incluso perjudiciales. Lo digo yo que tengo publicado un gran libro, *Asesinatos 2*, que aún no ha recibido el debido reconocimiento, y acabo de concluir *Asesinatos 3*.

¿Pero quién es un literato? Un señor infeliz que, a solas, sin ayuda de nadie, escribe libros, es decir, novelas, relatos, poesías, ensayos. Mientras escribe sufre enormemente y se tortura en su soledad, pero más sufre, cuando concluida su obra, debe encontrar una editorial donde publicarla.

Últimamente se ha demostrado, sin lugar a dudas, que sus creaciones son dañinas para aquellos que cometen la imprudencia de leerlas.

Veamos.

Hay dos tipos de lectores. Unos, muy pocos, que son o quieren ser cultos y buscan en los libros de literatura toda clase de disquisiciones filosóficas, tragedias psicológicas y teorías que pretenden explicar el mundo. Dichas obras, además de complicadas, son escritas en un lenguaje oscuro, culterano, con el que se quiere demostrar erudición (así, por ejemplo, de un gran escritor de Tuvalú: "En el introito de su pasaje por la ergástula, durante el parasceve, el cómitre leptorrino columbró con lerdez la venustidad del mancebo"), o lleno de imágenes banales, empalagosas (digamos: "era su hermosura semejante a una libélula del acaudalado céfiro, sí engarzada ya en el mugiente vendaval") que muy pocos entienden. Esos lectores terminan llenándose de absurdas ideas las cuales les llevan a absurdos intentos de arreglar el mundo con lo que, a veces, ponen en peligro su propia vida y la de otros. El mundo, verdad comprobada es, no tiene arreglo. La responsabilidad de tales intentos de cambiarlo y las muertes que eso ha provocado son, por supuesto, en gran parte responsabilidad de los escritores.

El segundo tipo de lector es aquel que sólo busca entretenimiento, diversión. Los libros que adquiere son de aventuras o de historias amorosas. En estas, mientras más muertos, más emocionante se hace el libro; mientras más amores desgraciados que, a la postre, culminan bien, más apasionante es, para él, la historia contada. También aquí se ha demostrado, con absoluta precisión, que tales libros idiotizan a los lectores y los convierte en especies de autómatas incapaces de razonar.

En ambos tipos de lecturas, además del peligro de muerte y de idiotización, hay, sobre todo, una enorme pérdida de tiempo y un inmenso despilfarro de recursos materiales malgastados en la impresión de los libros. Añádasele el tiempo perdido por el pobre literato.

A mi entender, hay dos medidas, radicales, aunque impostergables, para la solución de problema tan grave, como este de los escritores, que aqueja a la civilización y a su porvenir.

La primera y sencilla, es prohibir la escritura en tanto ejercicio literario. Nadie podrá ser literato, nadie podrá emborronar cuartillas de literatura. La escritura se reservará, exclusivamente, para obras, imprescindibles, de ciencias puras y aplicadas. En ellas no habrá la más mínima dosis de fantasía y ficción. La ficción, todos lo sabemos, es mentira, engaño, fingimiento. Eso es precisamente lo que nos dan los literatos, fingimiento y engaño con historias que nunca han ocurrido, tal y como se cuentan.

Como siempre sucede, habrá recalcitrantes, empecinados irreductibles, que intentarán seguir escribiendo en el oscuro silencio de sus sótanos y catacumbas. Al no tener ya editoriales para publicar (prohibidas por la ley), reproducirán sus producciones de manera artesanal, rudimentaria, incluso harán copias a mano para que se distribuyan y circulen entre sus fanáticos seguidores. Por ese camino, pronto se crearán sectas secretas de unos pocos iniciados que utilizarán un lenguaje críptico al comunicarse entre sí. En tal situación se sabrá quiénes eran los amantes firmes de la literatura y quiénes farsantes que sólo deseaban presumir, obtener fama y dinero, deseo por lo demás inútil porque si algo no produce verdadera fama y dinero es la literatura.

Lo anterior es predecible. De todos los animales, el más obtuso y empecinado es el hombre. Precisamente, con esos empecinados habrá que tomar medidas, en beneficio de ellos, para que abandonen tan infértil actividad.

Se formará el cuerpo de los vigilantes antiliterarios que se encargarán de vigilar e impedir que alguien posea suficiente papel u otros medios para llevar adelante la escritura de una obra. En el caso de las novelas y ensayos será relativamente fácil pues esas obras consumen, por lo general, muchas hojas, pero en lo que se refiere a la poesía (la más complicada entre las creaciones literarias) la situación se enreda porque un poema se puede escribir hasta en la palma de la mano. No descarto que algunos utilicen la piel de su propio cuerpo para grabar en ella sus poemas y otras tonterías. Los vigilantes deberán ser muy profesionales y hábiles en sus empeños por descubrir tales ardides de los empecinados.

En principio, las medidas a tomar no serán fuertes.

Al literato detenido por primera vez se le obligará a que lea en voz alta la novela de otro literato a quien él deteste. No será difícil la elección porque la gran mayoría de los literatos se detestan. Atención, la obra deberá ser leída de un tirón y con buena entonación, lo cual, quizá, conduzca a que el detenido no pueda dormir en dos o tres días, en dependencia del tamaño del escrito. Si comete errores graves al leer o se detiene por más de cinco minutos se le obligará a reiniciar la lectura en la primera página. Tratándose de una medida educativa y poco severa, se permitirán tres descansos diarios de media hora para ingerir alimentos e ir al baño, al igual que beber agua..

Habrá la variante de dos literatos enemistados, recluidos en la misma celda. Cada uno tendrá que leer, de la manera que acabo de señalar, la obra del otro.

Una posibilidad podrá ser la de leer frente a un auditorio de sordomudos.

En todo este proceso, estarán psiquiatras que se entrevistarán con los autores y buscarán en ellos las causas profundas, las represiones, angustias y complejos que los llevan a volcar en el papel sus tragedias personales y sus frustraciones. Espero que tales encuentros sean muy fructíferos y sirvan de exorcismo contra el acto de la creación literaria.

Contra los reincidentes se tomarán medidas un poco más severas, entre otras que al detenido se le haga escuchar, noche y día, la lectura de todos los libros del peor escritor del país, previamente grabados en discos.

Muy ejemplarizante será si se trata de poesía.

La sanción extrema se dará cuando los libros sean leídos por un gago. En este caso, es posible que el detenido enloquezca.

No creo que haya que llegar a sanciones tan fuertes. Sin duda alguna, con las primeras medidas reeducativas, los autores comprenderán que la literatura es cosa superada, de gloriosos siglos anteriores, no del presente y el futuro, donde no tendrá cabida.

Renunciarán a ella y en pocos años ésta será olvidada, lo mismo que el pedernal o la lanza de guerra.

Seguramente entenderán que con mi propuesta los saco de la soledad y les ahorro sinsabores. También evito que pierdan un tiempo precioso. Incluso, aunque mi Proyecto no se acepte, ellos no serán necesarios para la sociedad. Internet y las nuevas tecnologías de la comunicación y la diversión los sacarán en breve de la circulación.

Me agradecerán y, al ser casi todos inteligentes y sensibles, podrán dedicarse a las artes aplicadas o a la alta cocina, donde ganarán muchísimo más dinero.

Una última aclaración. Lo escrito aquí sobre los literatos también será válido para mí. Cuando logre publicar *Asesinatos 3*, sin duda mi obra maestra, enmudeceré definitivamente. Lo más probable es que, si no me suicido, me vaya a vivir a un bosque, en el cual no hay ofensores, y me haga leñador. Lo anterior también es válido para mis investigaciones sobre Jesús. Las hago no por el deseo de hurgar en la historia, sino por el bien de la humanidad. Luego de encontrarlo jamás volveré a referirme al pasado.

Conversación con el Dr Fuente Fontana II

Al llegar a este punto de la lectura del cuaderno de Antonio Trase me detuve y no pude resistir la tentación de hablar con Fuente Fontana.

—Hola —me dijo risueño— me imagino por lo que me llamas. ¿Qué te pareció lo escrito?
—Alucinante.
—¿Por dónde vas?
—Por la liquidación de los literatos, es decir, por mi propia liquidación. Absurdo y terrible.
Una risita me llegó por el teléfono.
La risa se detuvo
—Discúlpame, pero coincido con Trase.
—¿Qué quieres decir?
—Que me parece que ustedes sobran, son demasiados. Constantemente aparecen nuevos y nuevos literatos y lo peor es que todos escriben mal o escriben lo mismo. ¿A quién le interesan tantas idioteces? La prueba es que cada vez se venden menos libros.

Me sorprendí. ¿Era correcto lo que afirmaba Fuente Fontana? Sí, la venta de libros ha disminuido. La gente se interesa en otras diversiones, pero de ahí a pensar que nuestros libros son de idioteces hay un gran trecho.

—Por supuesto, ese no es tu caso —la voz de Fuente Fontana fue amistosa— ¿Qué piensas de lo escrito por Trase?
—No sé qué decirte. Obviamente es un loco, pero un loco que dice algunas verdades.
—Ten cuidado no sea que te solidarices con él porque vas a terminar en el mismo sitio de donde él salió.

Me molestó aquella afirmación. No era justa, pero no hice ningún comentario.

—Espera a que veas el próximo capítulo —Fuente se enserió— y ya me dirás.

—Aquí lo tengo.

—Léelo y disfrútalo —Nuevamente escuché una risita irónica— Me llamas después.

Fuente Fontana colgó y aprisa volví al *Cuaderno de los disparates*. El título del siguiente capítulo me desconcertó.

El lenguaje de los números

De tan intrascendente, banal y tonto, el lenguaje entre la gente se ha vuelto innecesario y superfluo. En especial, representa una inmensa pérdida de tiempo. En un mundo donde hay superabundancia de todo, de riqueza, miseria, alegría, infelicidad, desarrollo tecnológico, primitivismo, estupidez, lo único que falta es el tiempo. No podemos perder ni un minuto, ni un segundo, en cháscharas intrascendentes. Eso es impermisible en el mundo moderno. He aquí un ejemplo de ese incoherente despilfarro, en la conversación de dos señoras que no hace mucho presencié:
—Mi amiga, que gusto verte.
—Amiga mía, que placer verte.
—Tanto tiempo sin verte, ¿qué se cuenta?
—Tanto tiempo, sin vernos, ¿qué me dices de nuevo?
—Nada nuevo. Todo igual, como de costumbre.
—Sí, como de costumbre. A mi esposo lo operaron de radioculitis.
—Al mío de pancrotitis. Gracias a Dios, salió bien.
—Gracias a Dios, el mío también.
—¿Y los niños que tal?
—Muy bien, gracias a Dios. ¿Y los tuyos?
—Gracias a Dios, también muy bien.
—Bueno, mi amiga, te dejo. Me esperan en la peluquería.
—Sí, mi amiga, y a mí en la carnicería.
—Te tengo que contar sobre Mariquita. *Bye, bye*
—Y yo sobre Manuelita. *Bye.*
Se me puede objetar que esa fue la insustancial cháchara entre dos tontas mujeres. Veamos un intercambio de palabras entre dos políticos en el parlamento.

—"Sr. Presidente, con la venia. Quiero informarle a mi ilustre colega que lo que he dicho, esta informado en mi informe 9 del 24 doce del pasado año.
—Sr. Presidente, con la venia. Quiero también informarle a mi ilustre colega y a los demás ilustres colegas que en el susodicho informe del 24 doce del pasado año no se da aclaración sobre lo expuesto por mí en mi informe del pasado 22 doce del pasado año.
—Sr. Presidente, con la venia. Mi ilustre colega debe leer cuidadosamente el último párrafo de mi informe en el que se responde a lo solicitado en el susodicho informe de mi ilustre colega, del 22 doce del pasado año.
—Sr. Presidente, con la venia..."
Otra muestra de diálogo, en este caso entre dos vendedores del mercado:
—Las papas se vendieron ayer a diez pesos.
—A diez pesos.
—Diez pesos está bien.
—Muy bien.
—Pero que muy bien.
—¿Entonces?
—¿Entonces?
—No hay que vender a ocho pesos.
—No hay que vender.
—A diez pesos esta muy bien.
—Muy bien".
Lo dicho en las tres conversaciones (¿fueron conversaciones?) se pudiera resumir en unas pocas palabras y todas las demás son sobrantes. Conversaciones así se escuchan a diario en todas partes, con lo que se demuestra su inutilidad y la imperiosa necesidad de prescindir de ellas

Alguien pudiera pensar que deseo acabar con el habla. Totalmente incierto. El lenguaje, el habla, es una conquista del ser pensante, que lo diferencia de los animales, y debe ser conservado por siempre. No el actual, sino el que yo propongo, el de los números. Será muy sencillo. Veamos.

Todo el parloteo intrascendente de la gente se reduce a un mínimo de ideas (¿son ideas?, tengo dudas), de temas que se repiten una y otra vez: la salud, la familia, la comida, la política, el sexo, los juegos, el dinero, la recreación, los odios. Dentro de cada uno de esos temas hay conocidas subdivisiones; así, en la familia, los hijos, los esposos, los parientes, los amigos.

Se reunirá una comisión de reconocidos sabios, matemáticos, cibernéticos, lingüistas, juristas, que estudiarán y clasificarán minuciosamente los grandes temas del habla que acabo de señalar. A cada uno de ellos se le asignará un número con varios subnúmeros. Así, lo relativo a la familia pudiera tener el número 1, y lo referente a los hijos el 1.1, a los esposos el 1.2, a los padres el 1.3. Las cuestiones de la política tomarían el 20, también con innumerables subnúmeros, así, la política nacional el 20.1 que, a su vez, dispondría de subdivisiones. Hablar mal del gobierno y de sus dirigentes sería el 20.1.1 Una frase como "el Presidente no ha hecho absolutamente nada en estos años", se diría 20.1.1.1. A las elecciones se le dará el 20.1.1 y si fueran para Presidente del Parlamento el 20.1.1.2.

El eterno tema del amor se privilegiaría con un número hermoso como el 10. El amor de los enamorados dispondría de la primera subdivisión, el 10.1. El de los padres e hijos vendría a continuación con el 10.2. La eterna y redundante frase " yo te amo, mi amor" se convertirá en el 10.1.3.

Igual se procedería con el resto de los grandes temas del habla humana.

Algunas frases estereotipadas quedarían fuera del lenguaje numérico por redundantes, huecas, tontas y falsas. Este sería el caso de "te juro que no te mentiré jamás", y " prometo cumplir fielmente el mandato y la voluntad del pueblo que me ha electo, al cual nunca engañaré ni defraudaré". Esta última no sólo no entrará en el nuevo lenguaje, sino que se tratará, por todos los medios, de que jamás se vuelva a pronunciar.

Se me alegará que son muchos números. Cierto, pero muchos menos que los miles de palabras que componen un idioma.

El aprendizaje del nuevo lenguaje no será más complicado que el estudio de un idioma extranjero. Pero esa complicación será para nosotros los actuales humanos. Los que nazcan en el futuro no tendrán mayor dificultad pues se les enseñará desde la cuna y luego en la escuela, igual que el abecedario.

Ya sé que será difícil la confección de tal lenguaje y se presentaran dificultades.

Por ejemplo, ¿cómo enumerar los miles de nombres propios existentes? Probablemente, en principio, habrá que conservarlos, es decir no llevarlos a números. Así, "vamos a comer al restaurante japonés de Ichikato", se transformará en 5.1.2 Ichikato.

También, ¿cómo entrecruzar los diferentes temas que son parte de nuestra actual conversación?, la política ligada con el amor, con el sexo, con el placer, por ejemplo: "El Presidente aprobó una ley sobre el divorcio porque ya no ama a su esposa y está influenciado por su amante con la que disfruta enormemente en cada nuevo encuentro amoroso".

Eso no me preocupa. La comisión de sabios, responsable de la redacción de la nueva lengua, sabrá buscar la solución adecuada.

No olviden de que el lenguaje numérico es sólo un plan que debe ser pulido y perfeccionado, pero piénsese también en los millones de horas que se ganarán con él. No es lo mismo decir "Mañana tendremos una reunión para decidir sobre el tema de la próxima reunión", que 9.2.3.

A mis posibles impugnadores les recordaré que las grandes obras que cambiaron el curso de la civilización fueron expresadas en muy pocos conceptos, casi todos numéricos. La famosísima teoría de la relatividad de Einstein que transformó el mundo sólo ocupa 46 páginas, la mayoría de formulas matemáticas. Hoy, la ecuación $E=mc^2$ la entienden todos, sin necesidad de llevarla a palabras. ¿Y la clave Morse no nos sirve para comunicarnos perfectamente, ahorrándonos miles de palabra?

Ya dijimos que los literatos serán eliminados, pero quizá, ahora, se les permita a algunos escribir en lenguaje numérico. De esta manera se evitará el peligro de inmensas novelas de 300, 400 páginas. En 30, 40 páginas (a lo máximo) se desarrollará toda una obra. Naturalmente, nunca adjetivos (eliminados del lenguaje numérico); sólo puros verbos y mucha acción sin reflexión, algo que, por lo demás, vienen haciendo los jóvenes escritores del nuevo milenio.

Ya no serán necesarios los periódicos de 100 páginas. Los directores de diarios lo acogerán entusiasmados pues no tendrán que malgastar sus dineros en inútiles páginas.

Con cuatro o seis será suficiente para expresar las mismas ideas. ¡Qué inmenso ahorro! Hay que señalar que ya en algunos países pobretones se publican, con mucho éxito, diarios de ese tipo que lo dicen todo y no dicen nada.

Esta propuesta mía será recibida con júbilo por la gran mayoría de la población que está cansada del infame cotorreo de cada día. Esa mayoría necesita el silencio que vendrá con mi lenguaje numérico.

Sin embargo, sé que, al igual que con los otros Proyectos, cuando se implante habrá quien proteste e intente incumplirlo. No descarto que unos pocos se rebelen, se sumerjan en la clandestinidad y en ocultos lugares (bosques, sótanos, barracos, catacumbas) se reúnan para seguir hablando a la antigua manera (no de otra forma la puedo calificar). Allá, en sus oscuros rincones, en sus santuarios, ellos, al igual que los cristianos hace 2,000 años, se escucharán unos a los otros y se deleitarán con los sonidos de sus gastadas e inútiles palabras a las que bendecirán. Es posible que, con el paso del tiempo, deifiquen las palabras y comiencen a adorar a la diosa A, madre y principio de todas las letras deidades y al dios Z, fin del abecedario y de la vida escrita.

La llegada de Luz-Sat

Si, según Fuente Fontana, padezco de alucinaciones entonces poseo el maravilloso privilegio de poder decir que he visto y escuchado todo lo que yo considere conveniente. El que otros me crean no me interesa.

Digo lo anterior porque ayer estaba como de costumbre en mi terraza, acompañado por mis amigas las hormigas, meditando, cavilando. No me sentía ni deprimido ni eufórico. Más bien expectante de que una cosa importante me sucedería pronto, y, efectivamente, sucedió.

Mi ama de llaves, se me acercó, sonriente. Por lo general, ella no acostumbra a reír. Es una mujer más bien parca en palabras y en expresiones sentimentales. No pasa de los 50 años y aún conserva rasgos de hermosura. Pero lo que más valoro en ella es su absoluta fidelidad y aprecio hacia mí, a pesar de ser yo considerado un demente.

—Un caballero desea verle —me dijo.

—¿Un caballero? ¿Qué caballero?

Su sonrisa se hizo más pronunciada.

—Bueno, un señor muy distinguido, de porte aristocrático, vestido como un *gentlenman* —Esperanza suspiró—. Aquí tiene su tarjeta.

En la tarjeta estaba escrito, con bellas letras góticas: *Herr* Doctor Luz-Sat: anticuario.

—¿Anticuario? ¿Antigüedades? —exclamé extrañado—. No necesito ninguna. Dígale que estoy ocupado.

—Él dice tener necesidad imperiosa de hablar con usted. Es un muy educado y agradable. Debiera recibirle —Esperanza volvió a suspirar.

—Bien. Dígale que pase al despacho.

Ante mí tuve a un hombre de edad indefinida, quizá unos 50 años, de mediana estatura y constitución recia. Sus cabellos, correctamente peinados, eran de rojo fuego y en el mentón lucía una perilla negra azabache. Con su mano izquierda sostenía un hermosísimo bastón en cuya empuñadura, de oro macizo, estaba grabada la cara de un perro.

Esperanza no se había equivocado. Vestía con total elegancia, aunque un poco pasada de moda, y un aire de gran distinción llegaba de él

—*Guten Tag, Herr Trase* —me saludó en alemán— soy el doctor Luz-Sat y tengo la imprescindible necesidad de *parler avec vous* —finalizó en francés.

—¿*Sind Sie Deutsch?*, ¿*peut etre francais?* —pregunté en esos dos idiomas.

—¿Alemán? ¿Francés? —su mano izquierda acarició su barbilla— quizá soy un poco de ambos sitios, donde he vivido muchísimos años, pero, en realidad, procedo de un lugar muchísimo más lejano. No se lo puede imaginar.

¿Un lugar mucho más lejano? ¿Japón? ¿Nueva Zelanda? No parecía ser de esos países.

Lo invité a sentarse.

—Y bien caballero, ¿qué se le ofrece? Quiero prevenirle que no compro antigüedades. Odio el pasado. Amo y me ocupo del futuro de la raza humana.

Una especie de mueca, de burla, se insinuó en los labios de Luz-Sat, pero enseguida se tapó la boca con su mano derecha.

—Se confunde el caballero. No soy un vendedor de antigüedades, aunque tengo mucho que ver con la antigüedad. Precisamente de la antigüedad y del futuro vengo a hablarle.

Me miró con una mirada penetrante e inquietante y pude observar que uno de sus ojos era verde y el otro negro. Los dos centellaban intensamente.

A la mente me vino el famoso personaje de mi admirado amigo Mijaíl Bulgákov a quien había conocido en Moscú poco antes de su muerte.

Dios mío, ¿en presencia de quién me encontraba? ¿Con quién estaba hablando?, me pregunté alarmado.

Luz-Sat notó mi turbación y tosió ligeramente.

—No se equivoca usted, caballero —dijo muy serio—. Soy el mismo que se imagina.

¡¿Pero qué era aquello?! ¿Aquel hombre leía el pensamiento? Me sentí anonadado. Creo que temblé un poco.

—¿Qué quiere decir? —susurré—. Lo que acaba de pensar y no se atreve a creer. Sí, soy Luzbell o, si usted prefiere, Luzbell Satán, pero para que no se produzcan escándalos acostumbro a presentarme con el nombre de Luz-Sat.

No pude evitar un gesto de intranquilidad. No soy cobarde, pero un encuentro así, de improviso, con el diablo, me puso los pelos de punta y aceleró los latidos de mi corazón.

¿Qué querría Satanás de mí? ¿Llevarme con él a su mundo oscuro? Pero él no era la Muerte. ¿Hacerme parte de sus legiones de seres infernales? Yo debía llamar a Esperanza, pedir auxilio. Por lo menos, hacer la señal de la cruz para hacerle retroceder.

Una tierna sonrisa apareció en su cara en la que vi dulzura.

—Despreocúpese. No vengo a hacerle daño, ni a llevarlo a ningún lugar, ni a pedirle que me siga. Por tanto, no es necesario llamar a Esperanza ni pedir ayuda. En cuanto a esto —con dos dedos de la mano derecha hizo la señal de la cruz— hace muchísimos siglos que dejó de tener efecto sobre mí.

—Entonces, usted es el Demonio.

Luzbell Satanás rió con fuerza y tuve la impresión de que su risa me elevaba en el aire, como los vientos de un tornado, pero eso era imposible, otra locura mía, porque nada se movió en mi despacho. Sólo mis dientes temblaron. Enseguida él se enserió.

—Ese es un nombre absurdo y tonto que mis enemigos han inventado para mí —dijo con suavidad y yo me sentí más tranquilo.

—¿Pero si no viene a llevarme, ni a reclutarme, qué quiere de mí?

Luz guardó silencio, sopesando su respuesta.

—A pedirle que me ayude.

—¡¿Yo?! ¡¿A usted?! —la sorpresa me dominó.

—Sí, a usted, para un asunto de vida o muerte relacionado con el destino de la humanidad.

Luzbell Satanás se arrellenó en su asiento y extendió los pies. Calzaba unas antiguas y relucientes botas de cuero. ¿Dónde las habría comprado? ¿ En Mecy's de Nueva York? Me hubiese gustado tener unas así.

—No entiendo.

—Para entenderme tendrá primero que conocer la historia de mi existencia.

—Disculpe, pero todos la sabemos desde la infancia. De niño mi abuelita me amenazaba con que si me portaba mal usted me llevaría. De adulto supe que a usted lo echaron por rebelarse contra el Señor

—Mentira, una gran mentira de mis enemigos ancestrales y eternos —Luzbell Satanás se puso de pie, muy alterado, pero enseguida, controlándose, se sentó.

—Perdone mi momentánea alteración, pero hay cosas que, por falsas y canallescas, me sacan de quicio — Luzbell aspiró el aire con fuerza.

—¿Cómo cuáles, por ejemplo? —la curiosidad fue más fuerte en mí que la prudencia.

Él extrajo un pañuelo impregnado de un perfume extraño y desconocido para mí, de un olor exquisito y se lo pasó por la frente.

—Querido Trase —dijo con amabilidad— antes de responderle a esa pregunta debo decirle que mi existencia ha sido muy penosa y desagradable.

En su rostro vi la tristeza.

—Me han dado muchos nombres, Satanás, Satán, Luzbell, Lucifer, Diablo, Demonio, Belcebú, pero los únicos verdaderos son Luzbell y Satán —un estornudo interrumpió su discurso.

—Salud —dije

—Gracias. Sabe usted, no estoy acostumbrado a las corrientes de aire, como las de esta casa. Por lo general, vivo recogido en un lugar más templado.

"En el infierno", pensé imprudentemente, pero me callé.

—Luzbell porque yo era la luz bella de nuestro Señor, su, llamémosle así, su querubín amado, su preferido. Satán, en nuestro idioma original, es *shatán* y quiere decir el que investiga, el que acusa, el enemigo, pero el enemigo de los enemigos —Luzbell se acarició la barbilla.

—Eso era yo también, el enviado por el Señor para investigar todo lo que sucedía en la Tierra y en los Cielos, el que acusaba a los malos y que, por tanto, se convertía en enemigo, siempre en nombre del Señor. En términos modernos yo sería un fiscal investigador. Sepa usted que en el mundo creado por el Señor, había, y hay, otros dioses, crueles, violentos, enemigos nuestros, y yo era el encargado de combatir contra ellos.

Sentí que la somnolencia me dominaba y los ojos se me cerraban. Apenas una hora atrás, yo había comido y mi cuerpo se hallaba en plena digestión que embotaba mi mente. Además, el largo discurso de Luzbell me estaba cansado.

—Perdone, ¿a dónde quiere llegar? —pregunté en tono de fastidio.

—A que tal cariño y preferencia del Señor hacia mí despertaron la envidia de importantes personajes de la Corte Celestial.

—¿La envidia en el Cielo? No lo entiendo —me volví agresivo, olvidándome de quien estaba frente a mí.

—Le explicaré detalladamente —Luzbell estornudó y comenzó lo que sería una larga explicación que, debo confesarlo, me resultó aburrida y sólo escuché por respeto hacia mi huésped.

85

—En el Cielo, alrededor del Señor, se reunía una gran cohorte de seres. Querubines, serafines, dominaciones, ángeles, arcángeles, cantaban, alababan y amaban al Gran Padre. Todos bellos y maravillosos, pero Luzbell era el primero. Eso provocó el disgusto de los dos principales arcángeles, Gabriel y Miguel, que no perdían oportunidad de intrigar contra él; en el desayuno, la comida, y la cena y en cualquier otra ocasión trataban de indisponerlo con el Padre.

—Espere —exclamé asombrado —¿en el Cielo se come?

Luzbell dejó escapar una breve risita y alzó los brazos. Eran muy largos y en sus muñecas vi grandes pulsos de oro puro.

—Compruebo que usted no tiene el más mínimo conocimiento de cómo era nuestra vida —Luzbell bajó los brazos—. Por supuesto que nos alimentábamos. Cualquier forma de existencia necesita una fuente de energía. En nuestro Jardín del Edén hay ríos de miel, todo tipo de frutas y otras delicias que no puedo explicarle porque, en el rústico idioma de ustedes, no existen nombres para ellas. Nuestra fuente de energía era inacabable y eterna.

Luzbell frunció los labios.

—Ahora, por favor, si no me vuelve a interrumpir concluiré mi historia y sabrá por qué lo visito.

No respondí y me dispuse a escuchar el término del relato.

Miguel y Gabriel continuaron intrigando y calumniaron a Luzbell, del cual llegaron a decir que estaba fomentando el Mal en la Tierra y andaba en amores con una mujer terrícola.

—Lo primero era falso, lo segundo no —reconoció mi huésped.

Y lo peor fue que el Señor, prestando oído a las calumnias, comenzó a recelar, poco a poco, de él. Así, hasta que aquel día en que reunidos todos en la iglesia, la vasta asamblea celeste, en la cual se discutían los asuntos públicos, el arcángel Gabriel pidió la palabra y lo acusó de querer separar a los Hombres de su Padre y Creador.

—Poseo pruebas irrebatibles —gritó Gabriel colérico— de que Luzbell en sus últimos viajes a la Tierra ha dado conocimientos al Hombre que, con el tiempo, servirán para que este descrea del Padre y de nosotros. Además, ha poseído carnalmente a la Mujer.

Aquellas palabras conmocionaron a la asamblea y provocaron el desconcierto y el escándalo.

—Sí, el desconcierto y el escándalo —repitió Luzbell. El desconcertado fui yo que no entendí lo que pudo suceder en la celestial reunió.

Allá los ánimos se hallaban muy caldeados porque había simpatizantes de uno y otro bando, de Gabriel y de Luzbell. Se dieron gritos, hubo amenazas y hasta una especie de motín de los partidarios de que el Hombre recibiera el conocimiento. Al final, intervinieron las tropas especiales de Miguel que redujeron, a la fuerza, a los seguidores de Luzbell.

Luego, todo concluyó con la decisión del Señor de que Luzbell y sus amigos deberían partir al ostracismo.

—¿Al ostracismo? ¿qué quiere decir?

—No sea ignorante —por primera vez noté a Luzbell enfadado—. Ostracismo para los antiguos griegos significaba el alejamiento, el extrañamiento, es decir irse a otra parte, o, dicho en términos modernos, al exilio.

—¿Por qué tiempo?

Luzbell movió los hombros.

—Nunca se aclaró. Lo mismo podía ser un año de los actuales terrícolas que un millón. Desde ese instante yo y mis compañeros hemos vagado por el mundo sin un hogar fijo. Buena parte de ellos ha sucumbido ante el embate del tiempo, la soledad y la tristeza.

Sentí dolor en sus palabras.

—Yo tuve la fortuna de tener a la Mujer con la cual procreé hijos fuertes e inteligentes. Algunos fueron grandes inventores, artistas y científicos, entre ellos, últimamente, tres premios Nobels —dijo Luzbell con orgullo.

—¿Cómo sin hogar? ¿Y el infierno?

—Señor mío, ¿usted todavía cree en tales cuentos para niños y débiles mentales?

La puerta de mi despacho se abrió y entró Esperanza. Su sonrisa, dirigida no a mí sino a Luzbell, resplandecía. En las manos traía una bandeja con bebidas y golosinas.

—¿Al Maestro no le apetecería un cafecito? ¿Un tecito? ¿Quizá un whiskycito de centeno? —la emoción vibraba en su habla y en su mirada estaba toda la admiración del mundo. La admiración hacia Satanás.

—Gracias, querida Esperanzita, pero el médico me tiene prohibido el café y el té y muchos más el alcohol. Con estas tensiones del mundo moderno que uno se carga, las úlceras gástricas me están matando

—¿Entonces una limonadita bien fría? Con estos calores es lo mejor.

Me estremecí. ¡"Maestro"! ¡"Querida Esperanzita"! ¿Por qué tal familiaridad? ¿Por qué tal obsequiosidad de mi ama de llaves hacia el Demonio? La duda me mordió. ¿No sería Esperanza una de las seguidoras del Maligno? No tuve tiempo de responderme.

—Bueno, tratándose de una limonada bien fría, la aceptaré —el ojo verde de Luzbell brilló.

—Aquí tiene su limonada, *Master*. Pero también probará uno de estos dulcesillos. Los he preparado yo misma.

—Gracias, Esperanza, el señor no necesita nada más. Puede retirarse —le ordené.

Mohina, se marchó no sin antes mirar con arrobamiento a Luzbell que probó la limonada .

—Deliciosa. Por una de estas cosas bien vale vivir en la Tierra —Luz me guiñó un ojo —Y bien, ¿dónde nos quedamos?

—En su morada terrenal. El infierno.

—Ah, sí, el famoso infierno.

Luz dio unos pasos por la habitación, se acercó a la ventana, miró hacia la calle, regreso y se paró frente a mí. Estaba muy serio y aunque no era muy alto ni robusto a mí me pareció imponente.

Aquella, afirmó, era otra de las leyendas y patrañas que se habían inventado para enlodarlo. Supuestamente, en el infierno el vivía rodeado de sus seguidores y de los condenados .Allí no llegaba la luz del sol, pero reinaba un calor abrasador por el fuego reinante.

—El infierno —me explicó— estaba copiado del Hades griego, un submundo subterráneo, un pozo infinito, donde se atormentaba las almas de los muertos, quemándolos en aceite hirviendo, torturándolos, negándoles el agua, flagelándoles.

Los brazos de Luz se movieron delante de mí. Pensé que me iba a abofetear.

—Óigame bien —gritó— ¿Es posible pensar que un ser como yo esté dispuesto a vivir en esa pocilga, sudando, rodeado del llanto y los gritos de los presos? En ese caso, el verdadero infierno es para mí, no para los condenados. Hay que ser imbécil para aceptar tal leyenda. ¿Sabe quién la inventó?

Hice un gesto de negación.

Más calmado, Luz bebió un sorbo de limonada, y continuó con sus explicaciones que no acababan de convencerme porque ¿quién puede creer en las palabras del Diablo por muy sensatas y verdaderas que parezcan?

—La inventó Dante —afirmó Luz, el famosísimo Dante, un frustrado y amargado que no tuvo capacidad, ni coraje para obtener el amor de Beatriz, la mujer que amó. Sólo un loco o un ignorante puede pensar que las almas de los muertos sienten dolor por los tormentos a que se les someten en el supuesto infierno. La materia muerta deja de sentir y las almas incorpóreas no sufren los efectos del fuego ni de ningún otro tormento.

A medida que hablaba. Luz se fue enardeciendo y sus ojos, ahora rojos, chispeaban.

Yo también me iba enfureciendo porque no me gustaban sus palabras sobre Dante, mi poeta preferido. Sin notarlo, Luz prosiguió su explicación sobre su vida.

89

—¿Es usted tan tonto que acepte que yo, un Príncipe celestial, fuera capaz de convertirme en perro callejero para entrar en la casa de un viejo delirante y privado, disculpe usted, de sus funciones masculinas vitales, para proponerle que me entregara su alma a cambio de los amores de una tonta cualquiera. Puro romanticismo de un escritor romántico, como Goethe.

De nuevo, Luz se paseó por el despacho y agitó los brazos.

—Oh, Dios, oh, Dios, cuánta estupidez. ¿Piensa usted que yo necesito reclutar almas de esa manera? ¿Sabe cuántas se unen a mí diariamente, sin que yo se los pida? Y no sólo almas, miles, millones de personas vivas, en todo el mundo, quieren ingresar e ingresan en mis huestes, artistas, científicos, políticos, cientos de ellos, jefes de estado, banqueros, comerciantes. Tantos son que tenemos que hacer una rigurosa selección. Rechazamos a asesinos en series, homicidas, capos de la droga, ladrones, tarados. Recientemente no aceptamos a un famoso jefe de Estado.

Se veía que el orgullo y la vanidad dominaban y desbordaban a Luz.

Me sentí molesto, muy molesto y no me contuve. Al diablo el Diablo

—Y también aceptó a Stalin, a Hitler, a Franco... al general Videla y sus torturadores argentinos —grité.

Me paré frente a él y lo miré con rabia.

Por primera vez lo vi desconcertado. Titubeó.

—¿Pero qué dice usted, Trase? Yo también rechazo a esos canallas asesinos.

Decididamente no supe qué decir. El Diablo se estaba burlando de mí.

Luz se serenó y regresó a su asiento.

—Sepa usted, que esos engendros repulsivos están gobernados por los verdaderos hacedores del mal en la tierra.

—¡¿Los verdaderos hacedores del mal en la tierra? —mi sorpresa fue en aumento ¿Con qué clase de orate estaba yo tratando?

—¿Quiénes?

—Moloch, que traga a los niños vivos que le entregan sus fanáticos, y sus aliados. Ellos y sólo ellos crearon esos monstruos humanos. Yo y mis seguidores llevamos cientos de años en una guerra mortal en su contra. Ellos son los protectores, también, de los asesinos en serie, de los capos de la droga que cortan cabezas, de los torturadores policiacos y militares, de los jefes de estados totalitarios.

Mis manos, mi cara, comenzaron a sudar copiosamente. La temperatura de mi cuerpo se elevó. Tuve que sentarme y secarme el sudor con un pañuelo. Tenía que beber inmediatamente. De la bandeja que Esperanza dejó tomé una copa y bebí un gran trago de copali.

Luz bebió su limonada y prosiguió con su extraña y absurda historia.

Ambos bandos, el de Luzbell y el de Moloch, combatían en secreto, pero en el presente los molochianos triunfaban. En cuanto al Señor andaba como ciego y no hacía nada, probablemente influido por San Gabriel, quizá decepcionado y hastiado de todo lo que ocurría en la Tierra.

—¿Qué quiere de mí? —exclamé, cansado de aquella historia.

—Que cuando en su búsqueda de Cristo, usted lo encuentre, le pida que interceda ante el Padre para que me perdone y me permita regresar.

—¿Por qué dice que busco a Cristo? ¿De dónde ha sacado eso? ¿Quién se lo ha dicho?

La risita irónica de Luzbell me desconcertó. No sólo rió. También tomó un pastelillo de los dejados por Esperanza y aprisa se lo tragó entero.

—Trase, querido Trase, veo que es más ingenuo de lo que pensé. En su búsqueda de Jesús usted utiliza hombres y una buena parte de ellos me obedecen —Luz tragó otro pastel y se pasó la lengua por los labios—. También conozco de sus actividades en la Agencia Interespacial en la cual la mitad los agentes está a mis

órdenes. Nos encontramos en todas partes, en especial en este país, al más alto nivel, en lugares que usted ni se imagina, si yo le contara, amigo mío, si yo le contara, se moriría del susto —las últimas palabras, Luz las susurró mientras miraba hacia la ventana con su ojo rojo.
—¿Y qué sucederá si el Padre le perdona?
—Unidas sus fuerzas a las mías acabaremos para siempre con el Mal en la Tierra. Ya no habrá más niños devorados por Moloch, ni más capos, ni más muertos descabezados, ni torturas, ni asesinos en serie.

No supe si reírme en la cara de aquel demente que fingía ser Satanás.

—Eso no será posible —exclamé con gran seguridad— Ni el Padre le perdonará ni ustedes acabarán con el Mal que jamás será eliminado en la Tierra. Seguirá reinando, eternamente, por la sencilla razón de que el Mal está dentro del Hombre. Para acabar con él habrá que acabar primero con los seres humanos.

Aquellas últimas palabras mías me gustaron. Eran maravillosas, profundas, dignas de figurar en un libro de citas. Debía recordarlas y anotarlas más tarde. Ellas demostraban que yo era un genio.

Luz se levantó.

—No sea pesimista. Le aseguro, le prometo, que lo lograremos —dijo con firmeza.

Luzbell Satán me tendió la mano que yo estreche sin mucho entusiasmo. Era fría como la de un muerto y provocó que mi dolor de cabeza se acentuara.

—Estaremos en contacto. No tengo que pedirle la más absoluta discreción —él me miró con su ojo verde y con mucha dignidad salió de mi despacho.

A mí, el dolor de la cabeza se me extendió hacia el cuello y el pecho. Sentí que mi cuerpo se desplomaba y debí recostarme. Por supuesto que no creí ni una palabra de lo todo lo que me dijo. Para mí, él era Satanás, el caudillo del mal en la tierra.

Segundos después entró Esperanza. Se veía radiante.

—Qué hombre, qué hombre, tan maravilloso y educado —dijo arrobada— se despidió de mí con un beso en la mejilla y me regaló una de sus antigüedades.

Esperanza me tendió el objeto que tenía en la mano. Era una pequeña escultura en piedra de un perro de tres cabezas.

—¿No le parece hermosísima y muy antigua.

—Sin duda. Es el Cancerbero.

—¿El can qué? —Esperanza no comprendía.

—El perro guardián del infierno.

Me tendí en el sofá. ¿Qué pensaría Fuente Fontana cuando le contara toda aquella fantástica entrevista. Alucinaciones, alucinaciones mías, diría. No, jamás se lo contaría. Recosté la cabeza y me quedé dormido. Soñé con nuevos mundos en los que ni Moloch, ni Lucifer Satanás estaban presentes. Cuando desperté un nuevo Proyecto bullía en mi mente. Para evitar la presencia de Luz entre nosotros habrá que detenerle, encarcelarle, pero, con seguridad, él se transformará cambiará constantemente su aspecto. Sin embargo, algo lo delatará siempre, sus ojos, verde uno, negro el otro. Por eso es necesario hacer un llamado, una cruzada, para hallarlo. Entonces se le encerrará en una cárcel de un país pobre, un lugar peor que el infierno.

Del consumo y los consumidores

Poco antes de ser recluido en el absurdo y enloquecedor insanatorio de Fuente Fontana pude viajar por varios países en los cuales el consumo, desaforado y esplendido, es llevado a su grado límite. Lo constaté cuando, mientras caminaba por las calles de una gran ciudad, topé con un inmenso gentío a las puertas de un edificio, donde cada uno empujaba y pugnaba por ser el primero en entrar. Extrañado me detuve y observé bien. En aquel gentío, junto a un adulto estaba una niña con una muñeca en los brazos.

—¿De qué se trata? —le pregunté a una señora gorda como una morsa.

—Venimos por Lizzete.

—¿Lizzete? ¿Una estrella de ci...

No pude terminar la frase porque el gentío se agitó violentamente. Una mujer de nariz engarfiada me empujó con toda su fuerza y la niña que iba con ella me pisoteó el dedo gordo del pie, por lo que estuve a punto de caerme.

Conteniendo un grito de dolor, me mantuve erguido. Movido por la curiosidad, decidí entrar en el edificio aunque tuviera que pasar sobre todas las señoras y niñitas.

Media hora más tarde, ya me encontraba adentro y lo primero que me llamó la atención es que allí no estaba ninguna estrella de cine. Lo que sí vi fue muñecas por todas partes, o, para ser exacto, una misma muñeca.

—Lizzete, Lizzete, esa es la que quiero —gritó junto a mí una niñita y señaló a una de ellas, del tamaño de una adolescente.

Todo quedó claro. Me encontraba en una tienda de muñecas, es decir, en la tienda de la muñeca Lizzete. Allí estaba ella, sonriente, acogedora, incitadora, en todos los tamaños, desde la bebita hasta la adolescente, con todas las vestimentas posibles, pantalones jean, blusas, sayas, vestidos largos, con diferentes peinados. En el centro de un gran salón, detrás de una hermosa vitrina, vi a una inmensa Lizzete, coronada por un letrero dorado que anunciaba "Esta es la última Lizzete, la del próximo año".

"Esa es la que yo quiero, no a esta fea fuera de moda", chilló a mi lado una enfurecida niña y señaló la muñeca que llevaba en brazos.

Esto es fantástico, me dije y prosiguiendo mi recorrido me adentré en una sala en la cual adultos y niños se agrupaban frente a un largo mostrador.

Allí solícitas vendedoras se dedicaban a peinar, por el moderado precio de 30 dólares, a las Lizzetes de las chicas de acuerdo con el último peinado de la última Lizzete y también, si se pedía, a maquillarlas como ella.

Haciendo un esfuerzo escapé del tumulto y abandoné el edificio muy agradablemente sorprendido. Esa sí era una manera estupenda de incentivar el consumo, empezando por los niños, para hacerlos felices. Aquello, se debía imitar en muchos otros lugares.

Ya en la calle, me esperaba una sorpresa. No todas las niñas que vi llevaban en sus brazos a Lizzete, y en sus rostros había lágrimas, algo sencillamente espantoso que me hizo reflexionar

En los países ricos hay, obviamente, una gran desigualdad. Eso lo sabemos muy bien. Una desigualdad en el consumo. Unos compran menos que otros. La causa fundamental de tal desigualdad se encuentra en el poco consumo de unos cuantos. Por más campañas que se hagan, por más promociones de precios que se realicen, estos se aferran tercamente a su dinero que guardan como el agua en el desierto. Nada más insano pues provoca la infelicidad y la frustración, en primer lugar de los niños.

Eso quiere decir, me dije, que somos infelices por no consumir. Tal proceder debe ser extirpado de raíz.

Para ello he pensado un plan muy eficaz y sencillo. Se harán listas de todos los consumidores y a cada familia se le impondrá una cuota básica mínima de compras. Por ejemplo, se deberá comprar una Lizzete al año y todos los meses cambiarle la ropa, el peinado, los zapatos y hasta el auto de juguete en el que la muñeca viajará. Es decir, se le prodigará la misma atención que a un niño cualquiera.

Así se acabará con la costumbre de aquellos que, avaros, se niegan a comprar los maravillosos productos que se encuentran en venta.

Por supuesto, no hay ningún inconveniente si alguien quiere sobrepasar las compras reglamentadas.

Todos estarán de acuerdo en que, por ese camino, reinará la felicidad y se pondrá fin a la frustración por no comprar.

Pero, repito, habrá suspicaces y detractores. Siempre los hay en cada innovación que cambia el destino de la humanidad. Muchos se opusieron a la introducción de la imprenta y de la máquina de vapor y hasta hubo quienes se enfrentaron a los viajes de descubrimiento.

También, como de costumbre, habrá que tomar medidas contra los inconsumidores empedernidos e inclaudicables.

La primera será publicar sus fotos y exponerlos a la crítica pública. En principio sus máximos críticos serán sus hijos que no estarán de acuerdo con que no les compren todas las Lizzetes y demás juguetes en venta.

Si se mantienen en su terquedad, se les confiscará parte de sus dineros que se destinará a la apertura de nuevos centros de venta.

Una solución final, a la que creo que no habrá que recurrir, será la de expulsión del país y su envío a las profundidades de una isla tropical donde no se compra nada porque no hay nada que comprar.

En la isla de Palmerston

Ya no soportaba la ciudad donde vivía, la superficialidad e incultura de sus habitantes, su arrogancia e hipocresía, su desaforado consumismo y amor por el dinero. Pero debo reconocer que tampoco soportaba el país donde me crié y donde viví muchos años, la ausencia allí de las cosas más elementales para la vida, el constante maltrato, la grosería y estupidez generalizadas, la falta de educación y cultura ciudadanas. En realidad, no tolero a los seres humanos donde quiera que se encuentren.

He viajado mucho, y casi en ningún lugar me he sentido bien, probablemente porque estoy un poco loco y soy diferente. Sólo en aquel viejo monasterio, Heiligenkreutz, de Viena, sí pasé unas semanas estupendas, contemplando hermosos paisajes, escuchando los cantos gregorianos de los monjes, entregado a la soledad y la meditación. Fue maravilloso, pero, lamentablemente, todo concluyó cuando me informaron que para permanecer allí debía hacerme monje.

Nací para la vida en soledad, pero no para la existencia monacal.

Adolorido partí y volví a la tonta vida urbana que no pude evitar por mucho que tratara de refugiarme en mi mansión. No sirvió que me mudara al campo. Con ello, mi depresión se hizo más profunda.

Así vivía yo, de depresión en depresión, hasta esa madrugada en que, navegando por Internet, descubrí la isla de Palmerston. ¿Qué es esto?, me pregunté sorprendido.

La breve información que leí, dada por alguien que la había visitado, explicaba que en el Océano Pacífico, entre Nueva Zelanda y las Islas Cook, se encuentra una pequeñísima isla llamada Palmerston.

Aquello no tenía mayor importancia. Lo interesante era que, según la información, su clima es templado y agradable, nada del frío perpetuo de Moscú, pero, sobre todo, que en ella vivían 200 personas, todas descendiente de un tal William Masters, carpintero inglés que, hacia 1863, llegó a la deshabitada isla en compañía de su esposa, una princesa maorí, y dos primas hermanas con quienes también convivió. De esas relaciones con las tres mujeres nacieron los primeros pobladores de la isla.

Busqué más información y supe que los isleños se dedicaban a la pesca y el cultivo de los cocos. Eso y las aves de corral y las cabras les daba para vivir sin riquezas, pero con tranquilidad. Los que les sobraba lo intercambiaban por petróleo, para su planta eléctrica, arroz, algo de ropa y medicinas que llegaban en un barco procedente de Varua, la capital de las Islas Cook.

Cuando leí, mi imaginación voló, como el famoso genio de Aladino. Una isla con excelente clima en medio de un inmenso océano, a cientos de kilómetros de distancia de cualquier lugar civilizado y en la cual solo había 200 personas, familiares entre sí, que vivían de su propio trabajo, tenía que ser un sitio de cariño, amistad, paz y tranquilidad. El lugar ideal, el paraíso, por el que yo aguardaba ya muchos años, que necesitaba para asentarme y ser feliz. Quizá 200 personas eran muchas personas; en realidad hubiese preferido que fueran diez o doce, pero no podía ser tan exigente.

Decidí abandonarlo todo y partir de inmediato hacia allá. Una demora podría significar que cientos de internautas conocieran la noticia y para cuando yo arribara me encontraría con miles de personas, con lo cual el paraíso se habría convertido en infierno.

Le entregué las llaves de la vivienda a mi ama de llaves y le dije que dispusiera de ella si yo no había regresado en el plazo de un año. Luego hice mis maletas o para ser más exacto preparé un pequeño maletín con lo más imprescindible para mi aseo personal.

Estaba seguro de que en Palmerston no tendría necesidad de ropa. Probablemente sus habitantes andarían con un simple traje de baño o quizá, por qué no, desnudos. El viaje no sería sencillo. Primero volar hasta Londres, donde cambiaría de avión para Nueva Zelanda, enseguida tomar otro aeroplano, esta vez pequeño, que me dejaría en Varua. Allí debería aguardar por la embarcación que me llevaría hasta mi isla.

—El problema es —me dijo el agente de viajes, que me atendió amablemente, un hindú de rostro oscuro y cabellos ocultos por el turbante —que no hay fecha fija para la salida de esa embarcación.

—¿Cómo es eso? —exclamé sorprendido.

—Muy sencillo. A la isla sólo se navega dos veces al año, para el intercambio de mercancías, pero tal viaje no tiene fecha fija y a veces, si hay mal tiempo continuado, se pospone por tiempo indefinido. Ha habido años en que no se viajó.

—¿Es posible que lleguen a vivir en la miseria, como salvajes? —mi sorpresa dio paso a la intranquilidad.

—En lo más mínimo. Se las arreglan. Como buenos descendientes de ingleses, nunca han dejado de tomar el té a las cinco de la tarde. Tienen una escuela y un policía que es, al mismo tiempo, el juez de la comunidad —el hindú movió los labios en un gesto semejante a una sonrisa.

No hice ningún comentario.

—¿Y bien, viaja usted o no?

—Sí, sí —respondí entusiasmado. Desde que comencé a elaborar mi plan de viajar, mi depresión se había esfumado y yo vivía en plena euforia.

—Suerte —me dijo el hindú cuando nos despedimos —la va a necesitar.

—¿Por qué? —dije receloso

—Lo que no le he dicho es que el viaje por mar, de Varua a Palmerston, demora, como mínimo, una semana y el mar es muy

101

peligroso. Nadie viaja hasta allá, con la excepción de los marinos que llevan mercancías.

Aquello no me importó. Estaba dispuesto a arriesgarme y tuve suerte. Cuando arribé a Varua, una embarcación partía a la mañana siguiente hacia la Isla. No sabía lo que me esperaba en aquel viaje que duró más de una semana con mar encrespado y cielo borrascoso, durante la cual no cesé de vomitar.

Al noveno día mar y viento se calmaron, el sol se hizo radiante y la isla fue avistada.

Agotado, pero satisfecho, desembarqué y mi encuentro con los isleños no pudo ser más alentador. Me recibió un hombre corpulento, de barba copiosa que se acercó a mí y me aprisionó en un fuerte abrazo. Detrás de él estaban otros dos isleños de mirada amistosa.

—Bienvenido a nuestra isla —me dijo en el más puro inglés victoriano de su antepasado William Masters—, soy William Masters VIII, gobernador de la isla. ¿Qué le trae a este mundo perdido y olvidado? ¿Ventas? Debo advertirle, estimado amigo, que aquí no compramos televisores, lavadoras, grabadoras, micro hornos, muñecas, alhajas, muebles. Cosas superfluas no nos interesan. Todo lo que necesitamos, sobre todo petróleo para nuestra planta eléctrica, ya viene en esa embarcación —con un gesto señaló la embarcación a mi espalda— y tampoco nos son necesarios ropa ni calzado.

Efectivamente William y otros isleños que le rodeaban vestían solo shorts y andaban descalzos o con zapatillas. El que en la isla se prescindiera de todos aquellos artículos, símbolos del espantoso mundo moderno, me llenó de satisfacción y me confirmó en mi decisión de vivir allí.

—Despreocúpese. Soy Antonio Trase, escritor, y no vengo a comerciar —dije y una sonrisa apareció en mi rostro.

—¿No viene a negociar? —William VIII se sorprendió —¿Entonces a qué?

—A vivir aquí. Este es el paraíso —mi sonrisa se hizo aún más grande y mis ojos brillaron de satisfacción.

William y los hombres que le rodeaban rieron y hablaron entre ellos en un idioma que no era precisamente el inglés victoriano. Más tarde supe que se trataba del maorí, la lengua de los polinesios.

—¿El paraíso?... Sí, claro, el paraíso. Pues no ha encontrado usted otro lugar mejor, amigo mío —dijo un hombre calvo y ventrudo que también me abrazó con fuerza.

—Le presento al honorable señor Henry Masters VII —dijo William VIII— es nuestro juez, policía y jefe de los bomberos.

—También Jefe de la Aduana y la oficina de emigración —explicó el ventrudo Henry VII— pero dígame, caballero, ¿tiene usted la correspondiente visa?

Por primera vez me sentí confundido.

—¿Visa? ¿Exigen ustedes visa? Nunca pensé que sería necesaria en un lugar como este.

—Obviamente, *Sir*. Este es un sitio civilizado —la cabeza de William VIII se alzó con majestuosidad— ¿No pensará usted que somos un pueblo de salvajes, sin leyes?

—Jamás lo pensaría, pero me temo que no traigo visa.

—Eso se puede arreglar —dijo William VIII y me sonrió — Henry VII le extenderá una, inmediatamente.

—Le costará 500 libras. Espero que usted haya traído dinero. Aquí no admitimos mendigos ni vagos —Henry VII se aproximó y su mirada me recorrió de arriba abajo.

—Claro, claro lo entiendo, lo entiendo —respondí cada vez más confuso— pero sólo traigo euros.

—No se preocupe, James se los cambiará —William VIII se volvió hacia un jovencito que, también, me abrazó cariñosamente— Le presento al honorable James Masters V, nuestro responsable de las finanzas y guía turístico.

—Él se encargará de mostrarle la Isla y ofrecerle vivienda —dijo Henry VII— Ahora, si nos disculpa, debemos dejarle, tenemos muchos asuntos pendientes. Que disfrute su estancia, señor Trase.

103

William VIII y Henry VII fueron hacia el barco del cual descargaban grandes bidones de petróleo y sacos con arroz. A la embarcación subieron cinco personas, isleños, a juzgar por su vestimenta.

—¿Y por cuánto tiempo va a quedarse, señor Trase? —me preguntó James V.

Interesante pregunta. ¿Por cuánto tiempo quería yo permanecer en el paraíso?

—Bueno, pienso quedarme toda la vida.

—Es una buena cantidad de años y no se arrepentirá. Este es un lugar maravilloso aunque con algunos problemas, como en todas partes.

—Lo entiendo, lo entiendo.

En realidad, no lo entendí bien.

—Disculpe, ¿tiene usted a mano los euros para el pago de la visa? Le aconsejó que cambie una buena cantidad. Va a necesitar libras para otros pagos.

—Pensé que aquí el dinero apenas circularía.

—Bueno, eso era en tiempos de nuestro glorioso antepasado y padre de todos nosotros, San Williams I, pero las cosas han ido cambiando. ¿Partimos? Quiero mostrarle un poco la isla y luego llevarle a su alojamiento en casa de la honorable señora Palmela Masters X. Estoy seguro que le encantará recibirle. Es una vivienda muy agradable. Su habitación sólo le costará 600 libras, un precio muy razonable para los tiempos que corren.

—¿600 libras anuales?

James V me observó atentamente

—Pero querido, señor, ¿de dónde viene usted?. Naturalmente que semanales.

De donde venía yo, con ese dinero podía rentar un estupendo departamento por un mes, pensé, pero me callé y acompañé a James V hasta un cochecito tirado por un burrito.

Por el camino, James V me fue contando la historia de la Isla y los pormenores de su vida diaria. Todos los habitantes descendían de William Masters I. En el pasado llegaron a ser 800, pero en la actualidad esa cifra se había reducido a 200.

—¿Qué sucedió? ¿Hubo una epidemia y murieron? —pregunté.

—Por supuesto que no —James suspiró.

Habían partido al extranjero, a Rarotonga, Nueva Zelanda, Australia y Estados Unidos, donde se encontraba la mayor colonia de palmestorianos en el extranjero, pero también se les encontraba en las Islas Fidji, en Francia, España, Rusia, Suecia y otros puntos del planeta, tan distantes entre sí, como Argentina y Finlandia. Todos, sin excepción, mandaban remesas de dinero a sus familiares. El propio James V tenía dos hijas en Estados Unidos.

Aquel dato me sorprendió. Tanta gente abandonando aquel lugar paradisiaco era inimaginable, pero no hice comentario.

Sin reparar en mi silencio, James prosiguió su historia.

Al inicio de las partidas, porque hubo varias, William IV, en aquel tiempo gobernador de la isla, quiso oponerse a ellas, alegando que todos estaban en la obligación, contraída desde los tiempos de San William I, de permanecer allí para contribuir a su desarrollo y riqueza totales. Sólo cuando esto se alcanzase podrían marcharse.

—¿Y qué sucedió?

James V detuvo el cochecito para permitir el paso, por delante de nosotros, de una tortuga que no llevaba ninguna prisa.

Hubo varios tumultos, incluso algunos quisieron agredir a William IV, y Henry V tuvo que tomar medidas severas, pero, al final, se impuso la cordura.

—Pero, ¿los abuelos de William VIII y Henry. VII también eran gobernador y policía en aquel tiempo?

—Lo adivinó. Desde la época de San William I, todos los William han sido gobernadores y los Henry policías.

—¿Y los James?

—Pues guías turísticos y responsables de las finanzas.

La tortuga terminó su paso por el camino de arena y el burrito sin que se lo ordenaran volvió a tirar del carro.

—Comprendo, comprendo. ¿Y quién se encarga del culto religioso?
—Entiendo que usted se refiere al culto del gran San William I al que reverenciamos y adoramos. Él nos creó y gracias a él y sus milagros estamos aquí. El gran sacerdote y nuestro guía espiritual es Williams VIII.
James V arreó al burrito.
—Un día sí y un día no, nos reunimos en la gran plaza, frente a la estatua de San Williams para reverenciarle. Le llamamos Asamblea ciudadana. Hoy no hay, pero mañana sí. En esas reuniones, una en la mañana y otra al atardecer, hacemos también un balance de nuestra vida cotidiana. Es una sensación maravillosa la que sientes cuando hablas allí. Yo lo hago con frecuencia.
James calló y vi que la emoción lo embargaba. Después se volvió hacia mí.
—Bueno, ahí está la casa de Pamela X —dijo y detuvo el cochecito.
Estábamos frente a una amplia casa de madera, de dos plantas, con techo de planchas metálicas. En los alrededores se veían varias casas parecidas, pero de una sola planta.
Una mujer gruesa, de unos 60 años, salió a recibirnos. Su aspecto era hermoso y agradable. Se acercó a mí y me abrazó y me besó en la mejilla.
—Le presento a la honorable Pamela X, responsable de los alojamientos —dijo James V.
—Mucho gusto —dijo Pamela X—, lo estaba esperando.
Aquello me asombró.
—¿Cómo se ha enterado usted de mi llegada?
Pamela X se enserió.
—Honorable señor, William VIII me telefoneó. ¿Piensa usted que, por vivir en una isla alejada, no disponemos de teléfonos? No somos salvajes.
—No he dicho eso. Pero me parece que ustedes no tienen una planta telefónica.

—No es necesario. Nos comunicamos por celulares. No estamos de espalda al progreso —Pamela X era solemne.

—Bien, me retiro —James V me tendió la mano— Pamela se encargará de usted. Esta noche no estaré aquí. Espero verlo mañana en la Asamblea. Aquí le dejo nuestra Carta del ciudadano que debemos cumplir todos los que habitamos en la isla. La redactó el honorable William II, el primer hijo de San William. Más tarde léela con calma. Aquí le dejo también un mapa de la isla con sus puntos de mayor interés.

Le estreché la mano a James V

—Disculpe, honorable señor, el pago del alojamiento es por adelantado. ¿Me pudiera entregar sus 600 libras?

Pagué y me quedé con Pamela X que me condujo a mi habitación.

—La cena es a las ocho —me dijo y se marchó.

En la habitación le eché un vistazo al mapa. La Isla tenía la forma de un triángulo, en cuyos extremos había tres núcleos de población. En uno de ellos, en el cual yo me hallaba, habitaban los James; al este, donde se encontraba el puerto, vivían los William y al norte los Henry. En el centro una laguna y un pequeño bosque. Decidí que al día siguiente haría un recorrido por la Isla y me bañaría en la laguna y en las solitarias playas. Sería maravilloso. Por primera vez en mucho tiempo estaría en contacto con la naturaleza virgen. Pensando en todo eso me quedé dormido y tuve agradables sueños.

El estridente sonido de una campana me despertó. Miré el reloj. Eran las ocho, hora de la cena.

Frente a la casa había una larga mesa de madera y unas veinte personas se disponían a comer.

—Los James comemos juntos —me dijo Pamela X.

—Maravilloso. ¿Y quién paga la comida?

—¿No lo sabe? —Pamela se sorprendió —Se paga con un fondo común de la isla aunque los ancianos están exentos de su pago —respondió y me presentó a los comensales.

Todos me recibieron con cálidas sonrisas, abrazos de los hombres y besos en las mejillas de las mujeres. Estas se encargaron de servir la comida que era deliciosa. Mejillones, ostras, cangrejos, camarones, langostas, pescados, marinos y de agua dulce, fueron algunos de los deliciosos platos que probé esa noche, unidos a arroz remojado en cazuela, vino de palma y agua de coco.

Mientras comía presté atención a las conversaciones en la mesa.

—Un arroz así no es capaz de prepararlo Porcia II— le decía una mujer a Pamela X.

—Ella sólo se dedica a coquetear con Henry VII y se olvida de sus deberes caseros.

—Amigas —dijo otra mujer— si supieran de lo que me enteré, escuchen, dicen que ella y Henry VII… —la mujer cuchicheó y no pude oír más. Enseguida las tres sonrieron maliciosamente.

—El primo William VIII se ha mandado hacer otra canoa de lujo —comentaba un hombre— con esta ya son tres. Por lo visto se cree que es un rey.

—Y no es más que un idiota con ínfulas.

—Alguien debiera prohibirle que tuviera tantas canoas de lujo.

—¿Quién se lo va a prohibir? Todos sabemos quién lo protege y le permite pescar en los mejores sitios…

—Y nosotros con nuestras viejas canoas, incapaces de darle la vuelta a la isla.

Pamela X estaba sentada a la cabecera de la mesa y cuando se dirigió a mí todos callaron.

—Y bien amigo Trase, ¿qué le parece nuestra vida? Un poco bucólica y monótona, pero tranquila y sin sobresaltos, hermosa, diría yo.

Yo tenía en la boca un buen trozo de langosta y tuve que tragarla aprisa para responder.

—Nunca pensé que la vida aquí fuera así —respondí y sonreí.

—¿Y cuánto tiempo va a permanecer con nosotros? —preguntó una hermosa mujer sentada a la izquierda de Pamela VI y me miró con coquetería.

Luego de tomar un buen trago de vino de palma, respondí:
—Cuando desembarqué pensaba quedarme por mucho tiempo.

Pamela X alzó su copa. Todos la imitaron.

—Brindemos —dijo— por nuestro nuevo huésped y amigo Antonio Trase

—Por Antonio Trase —gritaron todos y volvieron a sus conversaciones sin ocuparse de mí.

Cansado por el largo viaje y por tantas conversaciones me fui temprano a mi habitación. Ya estaba acostado, desnudo, cuando alguien tocó en la puerta. Cubriéndome apenas con una toalla fui a abrir.

Era Pamela X con una palmatoria en la mano. Estaba muy seria.

—Debo advertirle —dijo— que una de nuestras reglas y costumbres más antiguas, impuesta por San William I, es que ninguna puerta ni ventana se mantenga cerrada. Así todos podemos vernos, unos a los otros.

—¿Absolutamente todas? ¿Ni la de las habitaciones de los matrimonios, ni la de los baños?

—Absolutamente todas. Aquí nadie tiene nada que esconder. —dijo Pamela X con sequedad—. Aunque no es necesario porque nadie infringiría esa regla, yo, en persona, me encargo de verificarlo cada noche.

—Ya veo —dije medio dormido.

En la penumbra, a la tenue luz de la palmatoria, el rostro de Pamela X me pareció adusto, inamistoso.

—Buenas noches, señor Trase. Que San William lo proteja y le dé dulces sueños.

Por lo visto San William me dio dulces sueños porque dormí plácidamente, de un tirón. Me desperté antes de que amaneciera.

109

En la casa aún se dormía. Aprisa me calcé mis sandalias, me vestí con un short, tomé el mapa de la isla y fui a su exploración. Me dirigí hacia la laguna y treinta minutos después llegué. Era hermosa, con un agua límpida, transparente, y tibia. Sin pensarlo dos veces, me desvestí y me zambullí en ella. Nadé y chapotee hasta que, cansado, me acosté en la orilla para disfrutar del sol y el canto de los pájaros.

—No se mueva —gritó alguien.

Frente a mí se hallaba un hombre barbudo que empuñaba una escopeta.

—Levántese. ¿Qué hace aquí? Nunca lo he visto.

Me levanté y lo observé bien. No sólo era barbudo, también tenía una enorme melena y pelos por todo el cuerpo.

—Soy Antonio Trase y llegué ayer a la Isla. He venido a conocer los alrededores y a descansar en la laguna.

El barbudo se aproximó con desconfianza.

—Muy sospechoso —murmuró—. ¿No sabe que no se puede bañar aquí? Aquí sólo pueden bañarse los William.

—Perdón, no lo sabía. ¿Y los Henry y los James, dónde se bañan?

Los Henry en el otro extremo de la laguna, los James en su parte oeste, los extranjeros en la costa sur, pero hace quince años que no veo a ninguno.

—Entendido —dije y eché a caminar hacia la costa sur.

A la costa sur llegué poco después. Era un lugar aún más bello que la laguna, de finas arenas blancas y aguas rutilantes. Nadé un buen rato. Después me tendí en la arena y me quedé dormido. Cuando desperté el sol estaba muy alto. Qué hermoso y apacible era aquel lugar. Comí unos bocadillos y bebí agua de una botella que había llevado conmigo. Medité en lo me había sucedido en las últimas horas.

—Buenos días —un ruido me llegó de la espesura y con rapidez me volví.

Nuevamente vi ante mí a un barbudo peludo, pero más joven. A diferencia del anterior no tenía una escopeta en la mano, sino colgada en la espalda. Se acercó a mí y me sonrió.

—¿Lo está pasando bien? —dijo.

—Muy bien, ¿quién es usted? —pregunté confundido— ¿y qué hace aquí?.

—Soy Zacharias VI. Mi tarea es vigilar esta área donde se bañan los extranjeros.

—Pero si en la Isla no hay extranjeros. Según me han dicho, el último vino hace 15 años.

—No importa, debo estar aquí aunque no haya extranjeros. Esa es la tarea que me dieron y yo debo cumplirla. A usted lo observé desde que llegó.

Zacharias VI se sentó en la arena junto a mí y, con mansedumbre, me explicó que era hermano de Zacharias V, de Zacharias VII, y de Zacharias VIII, vigilantes también. Los cuatro eran los últimos descendientes de una sirvienta que llegó a la Isla con William I y sus tres esposas.

Me sorprendí. En la información oficial sobre la Isla no se mencionaba a esa sirvienta.

Zacharias VI vivía, con sus hermanos, en una choza de palmeras, no lejos de allí, y debía mantenerse doce horas en su puesto de observación. Al igual que todos, estaba obligado a asistir a la Asamblea ciudadana.

—No entiendo —dije—, ¿si la laguna es de todos por qué vigilarla?

Zacharias VI me observó con inexpresivos ojos bovinos y yo tuve la sensación de que me miraba alguien muy triste.

—La laguna esta divida en partes —dijo—, por familias, William, Henry y James, y nadie puede ir a la parte del otro.

—¿Y ustedes no pueden bañarse en ella?

Zacharias hizo un gesto de negación.

—¿Pero qué sentido tiene vigilar la costa donde no hay nadie?

—Así fue dispuesto todo por San William y nosotros debemos cumplir su mandato

Me levanté, me despedí de Zacharias VI y me interné en el bosque.

Caminé mucho tiempo, disfrutando de la naturaleza, pero también intentando aclararme qué sucedía en aquella isla. A pesar de la belleza del entorno comencé a sentirme deprimido.

Cuando, muy tarde, llegué a la casa de Pamela X ya habían desayunado. En la puerta me esperaban James V y Pamela X.

—Honorable señor Trase, veo que no ha recordado la Asamblea de Ciudadanos —dijo en tono de reproche James V.

—¿Debí haberlo hecho? Estuve mucho tiempo bañándome en el mar y caminando.

—Sin duda, honorable, señor —Pamela X se mostró hosca.

—La Carta del ciudadano establece ese deber, incluso para los extranjeros que vivan con nosotros. Su incumplimiento es penado —James me miró fijamente—. ¿Acaso no leyó la Carta?

No respondí.

—Por favor, hágalo y asista por la tarde. Es un momento maravilloso durante el cual nos cargamos de energía y recibimos grandes enseñanzas —dijo Pamela y se retiraron.

Más tarde me invitaron a comer, pero me excusé. Había perdido el apetito.

Entré en mi cuarto y, a pesar de lo que me había dicho Pamela, cerré la puerta y busqué la carta que había olvidado en un rincón.

No era muy larga, sólo diez páginas, escritas a mano con letra antigua y firme. Constaba de una Introducción, de los Deberes y Derechos de los habitantes de la Isla, y las sanciones por el incumplimiento de los Deberes. La Introducción trataba de la historia de la Isla a partir de San William I. Entre los Derechos se hallaba el de comer gratuitamente, a cuenta de un Fondo común, en el comedor de cada familia. Por ninguna parte se hacía mención de los Zacharias ni que constituyeran una familia. Otros tres derechos se señalaban: la educación y la medicina, gratuitas y el poder hablar en las Asambleas Ciudadanas.

Entre los muchos deberes estaba el de tener que trabajar diariamente de ocho de la mañana a seis de la tarde, excepto los domingos, en alguna actividad beneficiosa para el Gobierno de la Isla. Un deber importantísimo era la asistencia a la Asamblea Ciudadana. Entre las faltas sólo se hallaban la no asistencia a las Asambleas y al trabajo diario. Eso era todo. Me llamó la atención que no se mencionasen los delitos de robo, asesinato y otros similares. En cuanto a las sanciones por las faltas, estas se decidían por el Gobernador y el Jefe de Policía.

Por lo visto, aquí no hay ladrones ni asesinos, pensé maravillado.

Al final, la Carta contenía una relación de los pocos cargos públicos de la isla, de los cuales el más importante era el de Gobernador, Todos se obtenían por elección, con la excepción del Gobernador, el Jefe de Policía y el Secretario de las finanzas que eran hereditarios.

Iba a seguir leyendo las últimas páginas, pero el sueño me venció.

Me levanté al atardecer y me uní a los James que se dirigían a la Asamblea Ciudadana vespertina.

En una plazoleta se levantaba una enorme estatua de San William y delante de ella había una mesa y cuatro sillas. Más allá, se hallaban tres grandes filas de bancos de madera. Al llegar, los James se sentaron en la fila izquierda, a la derecha los Henry y en el centro los William. Al fondo, detrás de ellos, los cuatro Zacharias.

Se escuchó el sonido de una campana y los congregados se levantaron. William VIII, Henry VII, James V y otro hombre desconocido para mí fueron hacia la mesa. Volvió a escucharse el sonido de la campana y se volvieron a sentar con la excepción de William VIII que se mantuvo parado.

—Queridos hermanos, padres, madres, abuelos, tíos, sobrinos, primos, nietos, invitados —dijo William VIII y miró hacia mí— oremos por el venerado San William, nuestro creador.

113

Un tercer toque de la campana y todos se inclinaron con los brazos extendidos hacia adelante, hasta tocar el piso, y repitieron con lenta monotonía: "Bendito San William, Bendito San William, escúchanos y protégenos"
Yo los imité. En esa posición nos mantuvimos unos cinco minutos.
Al cuarto toque nos volvimos a sentar, menos William VIII.
—Hermanos —dijo William VIII—, no olvidemos nunca de quien procedemos y lo que padeció para que nosotros viviéramos, y sigamos su ejemplo luminoso.
—Alabado y bendito seas, querido San William —gritó Henry VII.
—Alabado y bendito sea —repitieron los congregados varias veces y otra vez se inclinaron.
—Hermanos —dijo William VIII cuando todos callaron—. Veamos lo que hemos hecho desde hace un mes y si hemos progresado. Hermano Wallen IV informe.
El hombre para mí desconocido se puso de pie. En la mano tenía una hoja de papel y de ella leyó.
—Hemos capturado y recogido cuarenta kilos de pescados, veinte de cangrejos, quince de langostas, cuatro de almejas, diez de camarones, treinta de cocos…
—Willerd III se echó a dormir mientras se recogían los cocos —gritaron desde el público.
—No es verdad, sólo fui al baño por unos minutos —respondió alguien.
—¿Pocos? Si estuviste más de media hora ausente —chilló la misma voz acusatoria de antes.
—Esa es una infame calumnia de los Henry. Ellos sí que no trabajan —dijo otra voz enfurecida.
—Hermanos, hermanos. Dejemos que el hermano Wallen IV concluya su informe —pidió William VIII— Luego veremos esas cosas cuando hablemos de los incumplimientos.

—No es mucho más lo que tengo que decir —dijo Wallen IV— sólo que se acaban de desembarcar 50 bidones de petróleo y 50 sacos de arroz.

—¿Y de esos sacos, cuántos nos tocarán a los James? —gritó una mujer sentada delante de mí— en el último desembarco, los Henry se quedaron con más de la mitad.

—Eso es una sucia calumnia —rugió alguien en la fila de los Henry— a los James se les dio lo mismo que a todos.

—Falso. Recibimos dos sacos menos.

—Hermanos —William se veía alterado— recuerden que San William nos enseño que todo se reparte a partes iguales entre las familias. Así ha sido siempre y fue la última vez.

—¿Y tus canoas nuevas de dónde las sacaste?

—¡¿A partes iguales entre las familias?! ¿Y a nosotros qué nos dieron? Sólo dos cubos de arroz —gritó Zacharias VI.

Me levanté y, sin despedirme, me encaminé hacia la casa. Esa misma noche me dirigí al barco que me trajo a la isla.

En el muelle me encontré con William VIII.

—¿Qué le sucedió? ¿Por qué abandonó la Asamblea? —dijo.

—Tuve necesidad urgente de ir al baño —respondí.

—¿Qué hace en el muelle? Es la hora de la comida en común. Debiera estar con los James.

—He recibido noticias de mi casa y debo partir inmediatamente.

—Lo lamento —dijo William VII y me tendió la mano—. Sepa que lo apreciamos y que lo volveremos a recibir cuando quiera. Espero que le haya gustado nuestra isla.

—Gracias —respondí y comencé a subir al barco.

—Aguarde —gritó William VIII desde el muelle— usted pagó 600 libras por su habitación y sólo estuvo dos días en ella. Le podemos devolver el dinero sobrante, son 468 libras.

—No es necesario —grité mientras la embarcación se ponía en movimiento. Se las dono. Guárdelas para el fondo común de la Isla o, mejor, entrégueselas a Zacharias VI.

115

De pie en la popa del barco observé el cielo donde se alzaban negros nubarrones. Media hora después la isla Palmerston se perdía en la lejanía.

Una modesta propuesta para acabar con el hambre y los hambrientos

En mi estancia en el insanatorio de Fuente Fontana padecí de hambre. El método de Fuente es dar muy poca comida a sus pacientes para que estos bajen de peso, eliminen la inmensa cantidad de grasas y otros detritus que tienen en el cuerpo y se desintoxiquen. Tal comida es totalmente vegetariana.

"La carne y la comida chatarra, sobre todo en grandes cantidades, son la causa de todas nuestras enfermedades", repetía una y otra vez el sabio doctor.

Así, en nuestro desayuno había sémola de trigo y una fruta no ácida. Al mediodía sémola de trigo y una fruta ácida, en la noche yogurt y pan de centeno. Todo acompañado por mucha, mucha, agua pura para beber, unos 5 litros diarios, el equivalente a 20 vasos, con lo cual mis urgencias urinarias aumentaron al máximo y me obligaron a correr, de minuto en minuto, al servicio sanitario, atenazado por la imperiosa y urgente necesidad de desahogar mis líquidos. A tal extremo llegó la situación que apenas podía estar más de 10 minutos sentado y por la noche me levantaba unas ocho veces, con lo cual no lograba dormir más de una hora continua.

De esa manera, mis 85 kilogramos de peso pronto se transformaron en 55 magros kilos y mi vientre era un inmenso balón desinflado.

Sentía que mis fuerzas desfallecían y mi mente se nublaba, pero Fuente Fontana opinó que mi recuperación estaba en camino y pronto podría abandonar su bello sanatorio.

Así hasta una noche en que, mientras, incontinente, corría hacia el servicio sanitario observé una luz encendida en la consulta del doctor. Dominado por la curiosidad y refrenando mis impulsos urinarios, me acerqué en puntillas a la consulta y atisbé por el resquicio de la puerta. Adentro, Fuente Fontana estaba sentado frente a su escritorio sobre el que había una gran pierna de jamón de la cual iba cortando, con un filoso bisturí, enormes lascas que engullía aprisa y glotonamente, apenas sin masticar. De vez en vez se detenía para beber grandes sorbos de coca cola de una botella de a litro que a su lado tenía.

Asombrado, no supe qué hacer y me quedé observándolo por unos minutos durante los cuales Fuente terminó de engullir la pierna y beber toda la coca cola. Pensé que se había saciado, pero, apenas tragar el último bocado, abrió una gaveta del escritorio de la cual sacó un enorme chorizo y un plato con lascas de salami. Con ansiedad, comenzó a mordisquear el chorizo y el salami, acompañando los mordiscos con tragos de una nueva botella de coca cola que había sacado de otra gaveta.

Ante manjares tan suculentos, mi hambre se exacerbó y sin poderme contener abrí la puerta y entré de súbito en el despacho.

Al verme, Fuente Fontana casi se atragantó, pero era hombre de reflejos rápidos y, tragando, sin masticar, la comida, se volvió hacia mí.

—Buenas noches, doctor —dije muy ceremonioso.

—Buenas noches —respondió y apartó los alimentos y la coca— ¿qué hace por aquí a estas horas de la noche?

—Me desperté por la urgente necesidad de orinar —ésta había desaparecido y mi mirada fue hacia el chorizo y el salami— ¿y usted? Ya veo que tampoco duerme y se halla bien acompañado.

En los ojos de Fuente me pareció ver la vergüenza.

—¿Sabe? —me dijo —este trabajo mío es muy agotador y, a veces, hay que reponer fuerzas por medios no convencionales. Hoy tenía un hambre feroz.

—Lo comprendo —dije— y tomé un poco de salami que, después de tanto tiempo de abstinencia, me supo a gloria bendita. Lo mismo hice con el chorizo, aunque me abstuve de beber la coca cola.

—Veo que usted se está recuperando —el doctor pestañó.
—Así es —dije y más chorizo y salami entraron en mi boca. Aquella unión era maravillosa—. Creo, doctor, que después de este maravilloso alimento estoy curado y no necesito permanecer más en su hospital.

Fuente Fontana bajó la cabeza.

—Buenas noches, doctor —terminé de masticar y me dirigí al baño—. Por favor, siga comiendo su chorizo.

—Buenas noches, Trase.

Por la mañana recibí el alta y lo primero que hice al llegar a mi casa fue comer durante una semana cuanta carne había guardada en el refrigerador y cuando ésta se terminó le encargué a Esperanza que me trajera mucha más. Al cabo de un mes, saciado de comer carne, yo estaba plenamente recuperado y mi peso corporal volvió a ser el mismo de antes.

Soy un hombre rico, nunca había pasado necesidades y aquella experiencia con el hambre me hizo reflexionar profundamente sobre sus causas y consecuencias. No sólo reflexioné, también investigué.

Por mis investigaciones, supe que el hambre, en su forma más terrible, la hambruna, había golpeado repetidamente a la humanidad. Así, hacia 1843, en la India perecieron tres millones de hindúes que no tuvieron suficiente alimento. Algo parecido ocurrió en Irlanda en la década de 1840 cuando más de un millón de irlandeses murieron atormentados por el hambre.

Lo mismo sucedió, entre 1932 y 1933, en la URSS de Stalin, donde se llegó, incluso, al canibalismo.

En los últimos años la situación no mejoró. En Etiopía y en otros sitios de África se produjeron notables hambrunas.

De lo que no tuve dudas fue que en el mundo no se come lo suficiente, en particular en el país donde vivo. Como es natural, el hambre nos hace infelices. Por eso es necesario buscar una solución que nos lleve a ser dichosos.

Dos libros me hicieron meditar, *Ensayo sobre el principio de la población*, de Robert Malthus y *Una modesta propuesta*, de Jonathan Swift.

Malthus explica que la población humana crece permanentemente y los recursos alimenticios decrecen. Resultado: aumentará el hambre. Solución: la muerte de una parte de población, bien por la guerra, bien por las epidemias.

Swift fue más radical. Frente a la gigantesca hambruna que asoló Irlanda, propuso (quiero creer que en burla) que los niños irlandeses fueran comidos para así reducir el número de bocas hambrientas al mismo tiempo que una parte de la población se alimentaba.

Soy un loco delirante, según Fuente Fontana, pero no un insensible canalla y de ninguna manera puedo estar de acuerdo con la exterminación de los humanos por guerras y epidemias, ni mucho menos con el asesinato de bellos niños.

¿Qué hacer entonces para acabar con el hambre?

Esa pregunta me hizo perder el sueño y el apetito y nuevamente bajar de peso.

Por la inquisitiva mirada de mi ama de llaves sospeché que, en cualquier momento, llamaría a los hombres de blanco que me pondrían en las manos de Fuente Fontana.

Tal sospecha añadió nuevas inquietudes a mi ya atormentada mente que no lograba hallar solución al asunto que me desvelaba.

Una y otra vez me replanteé el problema desde todas las perspectivas posibles.

El hombre, razoné, necesita comer para ser feliz. La obtención de la felicidad es nuestra suprema meta en la vida. Pero ella es efímera, no eterna, y lo importante es obtenerla, cueste lo cueste, aunque sea por un breve espacio tiempo sin pensar en lo que nos sucederá en el futuro. Es preferible ser feliz por un momento y luego morir, que vivir y ser infeliz toda la vida. Por tanto, es necesario comer hasta saciarse, por lo menos una vez en la vida, para disfrutar de esa dicha anhelada. Lo que suceda después no importa pues a mediano y largo plazo estaremos muertos.

Hasta ahí mis razonamientos, pero no lograba dilucidar cómo alcanzar el estado de bienestar soñado.

Una cosa me era clara, cualquier transformación de la sociedad podría ser buena o mala, pero siempre habría hambrientos por la sencilla razón de que los recursos alimenticios no alcanzan para todos o, en aquellos pocos lugares en que alcanzan, se los apropian los más fuertes.

Así pensaba hasta aquel atardecer en que, durante un viaje, crucé en mi auto por aquel pueblo en el cual vi a un grupo de jóvenes aglomerados frente a un gran supermecado de carnes.

Curioso al fin, detuve el auto para saber lo que sucedía. ¿Quiénes era? Lo comprendí de inmediato por su aspecto y sus miradas. Hambrientos, eso eran.

De repente, los jóvenes rompieron las puertas del establecimiento, penetraron en tropel y salieron cargados con piernas de cerdos ahumadas, tubos de salami y todo tipo de carnes, preparadas o cruda y sin pensarlo dos veces comenzaron a devorarlas allí mismo.

Comían, tragaban aprisa, pasando de una carne a otra, y en ellos vi una total satisfacción.

Me acerqué al grupo que me recibió sin recelo. Uno de ellos era un chico de unos quince años, muy alto y tan delgado que parecía salido de un campo de concentración alemán. Su rostro reflejaba inteligencia y alegría. Masticaba a toda prisa una enorme pierna de cerdo.

—Hola —dije y sonreí— ¿cómo te va?
— Bárbaro —respondió con la boca llena.
—¿Buena comida?
—Bárbara. Nunca había comido tanto y tan bárbaro.
—Tenías mucha hambre.
—La de un cocodrilo.

121

Terminó con la pierna y tomó un pollo asado al que le dio un mordisco.

—Dime algo, cuando se termine toda esa carne, ¿qué comerás? ¿No has pensando en eso?

—¿Para qué? Aquí no hay nada y nunca se sabe cuándo vas a comer de verdad. Lo mío, *brother*, es comer hoy, mañana no sé. Esto es mejor que inyectarse el Sida para tener comida segura en el hospital.

—¿Sida? No te entiendo ¿De qué estás hablando?

—¿Estás loco o eres extranjero? ¿No sabes que los muchachos se infestan a propósito con el Sida para que los recluyan en el sidatorio donde les dan tres comidas jugosas y gratuitas al día?

No, no lo sabía, ni quería saber más. Con lo que había visto me bastaba.

Le estreché la mano y me marché. Los otros jóvenes comían y comían con alegría.

A lo lejos se escucharon los sonidos de los coches policiacos, pero ellos no se movieron y prosiguieron en su frenética tarea de masticar y tragar.

Sí, eran inmensamente felices, quizá por primera vez en sus vidas. La dicha estaba allí, en ese minuto, y el futuro no contaba, no existía, para ellos. Comían y lo demás no les interesaba, si serían encarcelados o no, si morían por la ingesta de carne cruda, si volverían o no a comer.

Yo también fui feliz por haber tenido la suerte de pasar por allí en aquel justo minuto. La pregunta que me había atormentado por tanto tiempo ya tenía respuesta. No necesité ver más y continué mi camino.

En cuanto regresé a mi residencia me dediqué a poner por escrito mi Proyecto para que todos coman y sean felices.

Este es muy sencillo y se resume en pocas palabras.

Por ley se decretará que el ganado, vacuno, caballar, porcino, las aves, los peces, todo lo que contenga carne que no sea humana,

122

se sacrificará en su totalidad y se repartirá de inmediato entre todos aquellos que tengan hambre. Maravilloso instante. Durante un día, una semana, en dependencia de la cantidad de animales, todos se saciarían. Será la Gran fiesta y el Día del comer. Por fin la felicidad llegará entre bocado y bocado. Los gobernantes que firmen tal ley serán aclamados e inmortalizados como los hombres que acabaron con el hambre. Yo también seré recordado como autor de la gran idea. Por fin respiré tranquilo y me sentí satisfecho. Sentí mucha hambre. Pensando en lo que sucedería, fui a la cocina y me preparé un bocadillo de pan de centeno, lechuga y espinacas.

Llamada a Fuente Fontana

Terminé de leer el episodio "Una modesta propuesta" y me dije que era imposible lo que se decía allí sobre mi amigo Fuente. Además, lo que yo había comenzado a leer como algo cómico y divertido, los disparatados y simpáticos escritos de un orate, de repente tomaba un giro totalmente absurdo, por ejemplo, la inverosímil inmortalidad de Catafito, y se hacía trágico. Eran las once de la noche, pero no pude resistir la tentación y llamé a Fuente Fontana. Estaba bien despierto y su tono era animoso.

—¿Qué haces? —dije
—Veo una película de vampiros, extraordinaria y muy novedosa. Hay que mirar a estos vampiros, chupan la sangre, pero a través de las orejas y de paso sorben todo el cerebro de su víctima. Me encanta. ¿No la has visto?

Detesto a los vampiros, dragones, fantasmas y todos los nuevos personajes de horror que nos entregan el cine y los medios. Me pareció increíble que Fuente, un psiquiatra culto, disfrutara de tales estupideces, pero no quise discutir con él. En materia de gustos no hay nada escrito.

—No, no la he visto —respondí
—Deberías. A mí me provoca mucha sed, pero no de sangre —Fontana rió— Bueno, ¿qué me dices?
—Acabo de leer el capítulo sobre cómo acabar con el hambre.

En el teléfono resonó la risa de Fuente.

—Y, por supuesto, te divertiste con lo que dice sobre mí.
—No me divertí. Me disgustó. No te hace quedar bien.
—Nadie que me conozca creerá que es verdad. Ya te previne. No sólo habla mal de mí ahí. También en otros capítulos. No hay que hacerle caso.

Fuente calló pero enseguida continuó con energía.

¿Qué crees que puede escribir Trase? Es un demente. ¿Te quedaba alguna duda? Amigo mío, Acabas de chocar con las alucinaciones de un esquizo que oye voces y ve personas inexistentes. Sólo has conocido la parte suave de sus escritos, ahora has comenzado con la dura. El mejor ejemplo es su historia del Judío Errante.

—Pero lo que escribe sobre el Judío errante esta muy bien documentado y fundamentado.

—Tonterías. Lo mismo sucede con el episodio de Cristo. Trase es un hombre culto, pero todo no pasa de invenciones delirantes. Ni Cristo esta vivo, ni nunca ha existido un Judío inmortal. Debieras saberlo.

Oí que Fuente tragaba algo.

—¿Qué bebes? ¿Sangre?

—Claro, me gusta mucho —el doctor volvió a reír—. Ligada con una cerveza Miller High Live, es exquisita. Te la recomiendo.

—No, gracias, me basta con un buen jugo de papaya.

—Pero si te interesó la historia del judío inmortal, prepárate porque hay mucho más absurdos en camino. Bueno, te dejo, no puedo perderme esta parte de la película. Cuatro vampiros están chupando por los diferentes orificios naturales de su víctima. Ja, ja.

Colgué y regresé a la lectura de otro capítulo del Cuaderno, sobre los suicidas, uno de los más disparatados y trágicos, con el cual nadie podrá, en su sano juicio, estar de acuerdo.

Del suicidio y los suicidas

Fuente Fontana sigue afirmando que soy un loco. Se equivoca. Sólo estoy deprimido y no quiero vivir. No me gusta la manera en que he llevado mi vida, no me gustan mis hijos que no me quieren, nada raro pues nadie, con la excepción de mi ama de llave, me quiere.
No me gustan personas como Fuente, con su doble moral, que predica una cosa y hace otra, que dice ser vegetariano y se harta de carne, no me gusta, lo repito, el mundo actual. Me siento fuera de lugar, terriblemente sólo y sin ayuda.
Leo en la prensa que un joven piloto estrelló su avión, en pleno vuelo, contra una montaña. Perecieron él y otras 150 personas. Hecho condenable sin duda. Él quería morir, pero no tuvo valor para hacerlo en soledad.
Quizá el saberse acompañado en la muerte por tantas personas le dio decisión para quitarse la vida.
Yo también quiero morir, pero no tengo valor. Tengo miedo del posible sufrimiento en ese minuto final. ¿Cuánto dolerá el ahorcamiento, la asfixia, el lanzarse desde las alturas? Quizá los barbitúricos sean indoloros, pero se corre el peligro de sobrevivir y hacer el ridículo. Lo mejor sería un disparo, pero no poseo un arma. Y también puede haber algún dolor cuando la bala penetre en el cuerpo.
Pero lo que más temo es la entrada en la muerte. ¿Qué sucederá? ¿Será un dormir, igual que en las operaciones al anestesiarte? Sería maravilloso. Pero si no es así, ¿a dónde vamos a parar?
Yo, amante de la búsqueda de la felicidad, admiro a los suicidas. Ellos la encuentran. ¿Pero la encontrarán verdaderamente? ¿No estaré equivocado?
En busca de respuestas, decidí informarme y leer muchos libros sobre el tema. Lo que hallé fue más o menos lo mismo; estu-

dios de psiquiatría, sociología y de derecho. Los primeros dicen lo mismo; un suicida es, generalmente, alguien que ha caído en una profunda depresión. Los sesudos psiquiatras establecen cinco diferentes criterios para definir si hay o no depresión. Todo encubierto por un lenguaje críptico que, en el fondo, es un galimatías.

Un poco más inteligente, Freud me llamó la atención con su afirmación de que el suicidio no es más que la agresividad contra otra persona que, al ser reprimida inconscientemente por la persona agresiva, se vuelve contra ella misma a través del suicidio. Al final, Freud terminó suicidándose.

Aquello me hizo reír, pero más me reí cuando revisé las normas jurídicas que tratan del suicidio. En la mayoría de los países, el suicidio es condenado por la ley. Así que, a alguien que quiere, por voluntad propia, escapar de la cárcel de la vida y, por desgracia, no puede lograrlo, se le condena a seguir viviendo en una cárcel con barrotes. Absurdo.

Cierto que tal castigo es un avance sobre las medidas tomadas siglos atrás. Bien entrada la Edad Media, el cuerpo del suicida era profanado y humillado, si es posible humillar a un muerto, públicamente. En una crónica francesa de 1442 se relata que a un tal Jacobi Prudhome, panadero de la calle de los Fosos, en Paris, se le condenó, ya muerto por suicidio, a que su cuerpo fuera arrastrado, bocabajo, con la cabeza amarrada a una piedra y los labios cosidos para que su alma no pudiera salir del cuerpo y dañar a los vivos. Además, sus bienes se confiscaron y sus familiares desheredados. Cuenta la crónica que cuando dejaron al cuerpo en paz un ojo estaba cerrado y el otro abierto.

Hasta casi el siglo XIX tal práctica se mantuvo en Inglaterra donde el suicida era abandonado en el cruce de un camino con una estaca clavada en el corazón.

No era posible, me dije, que en todas las épocas y en todas las civilizaciones se haya sido y se sea tan bárbaro con quienes, a través del suicidio, van en busca de la tranquilidad y la ausencia de dolor.

Tal pensamiento me decidió a viajar a otros lugares para hallar respuestas. El primer país que visité fue México. Maravilloso país. Allí fui a conocer a la Santa Muerte. Para encontrarla recorrí el Estado de Hidalgo y el Distrito Federal, pero por mucho que indagué y pregunté nadie me pudo informar exactamente sobre ella. Desalentado, ya estaba por marcharme cuando un atardecer de lluvias plomizas y horizonte enlutado salí de mi hotel en la avenida Reforma y vagué sin rumbo, dejándome llevar por el instinto. El atardecer se había transformado en noche expectante y silenciosa cuando, por el rumbo del camino a Santa Lucía, mis pies se detuvieron en la calle 24 de la colonia Olivar del Conde frente a una antigua vivienda de muros blanquecinos y aspecto triste. Delante de su puerta entreabierta, sentado en un gastado butacón, se hallaba un indígena de edad indefinida, barba afilada y rostro impasible. Comía tortillas que sacaba de una pequeña olla que tenía sobre las piernas. Dejándome llevar por una corazonada, me acerqué y lo saludé. Él me devolvió el saludo con un gesto ceremonioso.

—¿Qué se le ofrece? —me preguntó y su mirada, fija, oscura, me recorrió. Una mirada así debe tener la Muerte.

—Busco a la Santa Muerte.

—¿Para qué? ¿Ya, mero mero, quiere que se lo lleve?

—Todavía no, pero quisiera hacerle una pregunta para saber más de ella

—Pues pregúntele a ella mesma, ahí la tiene —dijo y, abriéndome la puerta, me mostró un altar, en un costado de la sala, en el cual estaba la imagen de un esqueleto cubierto con una túnica blanca. A sus pies vi una fuente con frutas.

—Ándele, platíquele. Ella lo ayudará —me animó el indígena.

Entré y cuando salí dos horas después la noche, negra, impenetrable, se me hizo opresiva. ¿Con quién hablé en ese tiempo? No lo sé. Quizá con el indígena, pero, si estoy loco, según Fuente Fontana, fue con la Santa Muerte. En cualquier caso, algo aprendí. A

129

los suicidas ella los recibía con gusto, pero no los alentaba, ni era su patrona ni los defendía. Sólo protegía a aquellos que le rendían culto especial y la alimentaban, como el indígena de la vivienda. Por tanto, no daba respuesta a mis dudas sobre el suicidio y los suicidas.

La Santa era pariente del Hades griego, del Mictecacihuatl azteca, del Ah Puch maya y del San La Muerte argentino. Precisamente, en busca de este último me dirigí a la Provincia de Buenos Aires, al número 1505 de la calle Avellaneda. Allí encontré su santuario, muy concurrido, pero tampoco obtuve ningún dato concluyente que sirviera a mi investigación. Al igual que la Santa Muerte, San la Muerte no se comunicaba especialmente con los suicidas.

Regresé a mi mansión y por mucho tiempo la depresión me envolvió en su sudario, al extremo de que mi ama de llaves estuvo a punto de volver a llamar a los loqueros y llegó a temer por mi vida.

Pensé en todos los escritores suicidas que conocía. Nerval, Gorz, Zweig, Hemingway, Woolf, Pavese, Lugones, Storni, eran algunos de ellos.

¿Por qué terribles situaciones habían pasados? ¿Qué pensó Nerval antes de colgarse de un farol de la calle, la Woolf al ahogarse en el mar, Hemingway cuando se disparó? ¿Habrían sentido lo mismo que yo sentía en ese momento? ¿Fueron unos depresivos, según afirmaban los loqueros ? ¿Qué dirá Fuente si leyera estas líneas? No las entenderá, ni tampoco las entenderán otros ignorantes incultos si llegan a tenerlas en sus manos.

El pensar que otros habían estado peor que yo me fue sacando de mi marasmo mental. Recobré el apetito y hasta engordé un poco para gran satisfacción de Esperanza. Me sentí fuerte, animoso, incluso excitado. Regresé a mi investigación, leí nuevos tratados y libros y, finalmente, decidí que debía volver a viajar en busca de otras realidades y culturas. Al Oriente, al Japón para conocer un poco del suicidio por haraquiri. Poco después tomé un avión.

Al desembarcar me alojé en el bello hotel Hoshi Ryokan, el más antiguo del mundo. Cansado por el vuelo, me acosté y me quedé dormido. Cuando desperté las sombras se esparcían por la ciudad y yo, tomando un taxi, me encaminé a un templo shintoista en el cual, según me habían informado, encontraría la información requerida. Allí un venerable monje, de aspecto noble y cabellos nevados, me explicó, mientras bebíamos té, que en el Japón morir por la propia mano se consideraba un acto de honor.

—¿Me está hablando del *haraquiri*? —pregunté.

Antes de responder, el monje me observó por un momento.

—El término correcto y educado es seppuku —dijo y prosiguió su explicación.

Oficialmente, el *seppuku* había sido prohibido en 1871, pero su práctica continuaba y era respetada por todos. Unos años atrás, un afamado escritor, Yukio Mishima, había puesto fin a su vida cometiendo *seppuku*.

Luego de beber un poco de té, el monje me detalló el procedimiento del suicidio, pero aquello yo lo sabía por mis lecturas y por el cine.

Debo confesar que el hecho de abrirse el estómago con una daga y que después nos corten el cuello me parece doloroso e innecesario. Yo jamás haría una cosa así y no se lo aconsejaría a nadie. La felicidad acompañada de dolor no es felicidad, pero ese es mi punto de vista. Para los japoneses, morir por *seppuku* es una forma de morir con honor y encontrar la paz. Por eso no les importa un poco de dolor momentáneo.

El venerable monje se llevó las manos al pecho.

Todo estaba dicho. Yo había recibido la información que necesitaba y nos despedimos en silencio. Regresé a mi hotel y estuve unos días más, disfrutando de la hermosa ciudad y de la cultura japonesa. Quizá alguna vez abandone el espantoso país donde vivo y me asiente en el Japón.

Pensé en comprarle un souvenir a Fuente Fontana, pero desistí. No creo que hubiese apreciado el regalo escogido por alguien a quien considera loco.

En la madrugada de un domingo tomé un avión que me llevaría a otro avión que, en un largo vuelo, me conduciría al último lugar de mi investigación, Nuuk. Apuesto a que Fuente Fontana no sabe que Nuuk es la capital de Groenlandia. Quizá ni siquiera tenga una idea clara de cómo se vive en Groenlandia.

El vuelo fue largo y aburrido. De Tokio a Moscú, donde hice escala para visitar, en el poblado de Peridelkino, a unos viejos amigos escritores a los que quería convencer para que se unieran al Proyecto que tenía en mente sobre el suicidio. No los encontré y empleé el tiempo que me quedaba en tierra para recorrer el viejo Moscú, sobre todo el bulevar Pokrovski, en el cual había vivido muchos años atrás en compañía de una rusa de dorados cabellos que me abandonó por un árabe sirio.

Por la noche volé de Moscú a Copenhague y de allí a Nuuk. En el aeropuerto me esperaba Hans Thorvaldsoon un viejo conocido danés que me condujo al hotel. Al otro día hicimos un recorrido por la ciudad, pequeña y acogedora. Con gusto me hubiese quedado más tiempo, pero yo no estaba en plan de turista. Quería visitar un lugar donde pudiese encontrarme con esquimales o sus descendientes.

—Aquí la palabra esquimal no se emplea —Hans hablaba inglés con fuerte acento dinamarqués—, el término correcto es inuit.

—De acuerdo. Quiero ir a un lugar donde encontrarme con inuits en su ambiente natural.

Yo había leído libros, visto películas, sobre la vida de los esquimales, pero eso era folklórico y quería ver, con mis propios ojos, cuál era su vida y, muy en especial, su relación con el suicidio.

El lugar visitado fue Naajaat, un poblado de 65 habitantes. Para mi sorpresa no encontré iglús ni tiendas de piel, sino casas normales de madera. Allí conocí a Kuuprik Kulisut, un inuit, quien me contó todo lo que yo deseaba saber.

Cuando alguien, en especial un anciano, me explicó Kuuprik, comprendía que la vida no tenía sentido se lo hacía saber a sus familiares y amigos. Entonces, había una cena en común, en la que se recordaba su vida y sus alegrías y se brindaba por su próximo futuro de paz y tranquilidad. Al siguiente amanecer, bien temprano, ese alguien, en solitario, sin despedirse, se dirigía hacia el hielo perpetuo del que nunca volvería.

Hermosos, hermoso. Aquella historia me emocionó y estuve a punto de llorar, pero me contuve. Poco después partí y regresé a mi residencia. Ya conocía todo lo necesario para exponer mi propuesta.

Esta es muy sencilla. En vista del carácter agresivo y horripilante que toma la existencia en la tierra y del gran número de personas que se niegan a sufrir una vida así, se les dará plena libertad para decidir su futuro.

Repito, si el fin de la vida es la búsqueda de la felicidad y esas personas desean encontrarla en la muerte se debe respetar su deseo.

No sólo respetar, también honrar, como en el Japón, donde los que cometen *seppuku* son respetados, como en Groenlandia, donde los que parten hacia el hielo eterno son celebrados y agasajados. Muy diferente a los tiempos oscuros en los cuales el cuerpo del suicida era atravesado por una estaca.

Nada de considerarlos cobardes que abandonan el campo de batalla de la vida. La prensa deberá publicar el nombre y la foto del suicida y unas palabras en las que se destaque su valeroso acto.

No sólo eso. Tampoco dolorosos ahorcamientos, lanzamientos y caídas desde las alturas, inhalación de gas, ahogamientos, disparos en la cabeza. Nada de dolorosa violencia contra sí mismo. Simplemente, el aspirante a suicida irá a un hospital y hará una solicitud para el cese de su vida. Esta será estudiada y en menos de 24 horas se le responderá, pero sólo en caso excepcionales (petición bajo el efecto del alcohol, drogas o estado manifiesto de locura) será denegada.

Cuando se apruebe se le entregará una capsula de cianuro. El aspirante podrá optar por tomarla en una agradable habitación del hospital o en su propia casa, con la comprensión de todos aquellos que sepan de su intención. Lo más importante es que no tenga el sentimiento de que está cometiendo un acto repudiable y sufra por eso. Luego, en las honras fúnebres se alabará su valeroso gesto. Los primeros que tomen este camino propuesto por mí serán considerados los Adelantados, los valientes que exploraron una senda. Yo seré el padre y abridor de esa ruta. No descarto que en el porvenir inmediato, cuando concluya este libro, yo mismo me adentre en ella.

La extraña enfermedad de los burócratas

Ayer, mientras repensaba mis ideas, vino a verme mi viejo amigo Diosdado a quien no pude negarle la entrada.

Muy envejecido, agitado y pálido se veía y lo primero que hizo fue echarse en un butacón y alzar los brazos.

—No puedo, no puedo más. No lo soporto —exclamó y suspiró— Por favor, dame algo fuerte de beber.

Yo mismo le preparé mi jugo de coca con papaya y limón al que le agregué whisky. Bebió un gran trago y después de dos o tres más pareció calmarse y sus mejillas se colorearon.

—No lo soporto, no lo soporto —repitió.

—¿Qué es lo que no soportas?

—Vivir con esta maldita burocracia —Diosdado volvió a agitarse.

—¿La burocracia?

—Sí, la burocracia, la espantosa burocracia. ¿Sabes a cuántos lugares he tenido que ir para obtener un simple permiso?

No tenía idea exacta de a cuántos, pero me imaginé que a muchos.

—A dieciocho —gritó muy alterado— y, al final, aún no he obtenido el permiso que debe firmar el ministro.

—Pero eso es una gran noticia, un paso de avance. Por lo menos, ya sólo necesitas la firma del ministro.

—No te burles —por lo visto, Diosdado no entendió mi fino sentido del humor—. Y lo peor es que no sé si firmará mañana o dentro de tres meses o no lo firmará. Así no se puede vivir.

—¿Y qué piensas hacer?

—No sé, no sé, probablemente largarme de este maldito país.

135

—¿Y a dónde piensas ir? ¿A la isla de Palmerston? No te lo recomiendo.

—¿A la isla de Palmerston?

Diosdado desconocía todo de la isla de Palmerston y no pudo entenderme.

—Olvídalo —dije— es un lugar muy remoto.

—Pues me iré a Tumbuctú, a la Patagonia, a la selva amazónica, a cualquier sitio lejano donde no gobierne la burocracia.

Terminó su bebida y se despidió. Llevaba prisa. Aún necesitaba ir a la oficina del ministro para conocer si su permiso había sido firmado. Allí tendría, me dijo, que aguardar varias horas.

Aquella visita me deprimió. No es mucho lo que se requiere para que me deprima.

Cuando me deprimo comienzo a cavilar y a buscarle solución al problema que me agobia. Lo primero fue investigar sobre el tema. Leí al aburrido sociólogo Max Weber para quien la burocracia es una manera muy racional a través de la cual la sociedad se organiza.

Afortunado Weber, si viviera en la actualidad, mi amigo Diosdado y otros desgraciados lo habrían colgado de un farol.

Los burócratas son tan antiguos como la sociedad humana. En cualquier lugar donde se reunieron más de tres hombres para formar una comunidad uno se convirtió en mandante-guerrero, otro en brujo, el tercero en recopilador.

Ese simple hecho diferenció a nuestros antepasados salvajes de los civilizados. Fue natural. Alguien tenía que mandar y reprimir, alguien comprender y, si fuera posible, dominar la fuerzas sobrenaturales que nos rodean, lluvias, sequías, movimiento del sol y las estrellas, alguien, debía recordar y hacer que se cumpliera lo ordenado y descubierto por los dos primeros.

Siguiendo el hilo de mis razonamientos, comprendí que el mandante se convirtió en rey, el brujo en sacerdote de alguna religión y el que recopilaba se transformó en escriba-burócrata, encargado de la administración.

Tan necesarios se hicieron los escribas que nunca más desaparecieron y de un grupo aislado se convirtieron en una casta que ha llegado a dominar la mitad del mundo, como en la Rusia del Santo Padre Stalin.

Ahora bien, todos mis razonamientos anteriores eran pura teoría, elucubraciones teóricas de alguien encerrado en su casa y rodeado de libros.

¿Qué sabía, en realidad, de la burocracia y sus consecuencias? Yo que no viví en la Rusia estalinista y la información me llega de los falseantes historiadores; yo que, desde hace muchos años, no hago ningún tipo de gestión administrativa y que los últimos tiempos estuve encerrado en un manicomio.

¿En verdad, tenía razón Diosdado? Debía averiguarlo en la práctica y lo mejor para ello era hacerme burócrata. No me fue difícil. Gracias a mis antiguas relaciones en la Agencia Interespacial de Inteligencia obtuve un empleo en un ministerio cualquiera. Pedí y se me concedió un puesto inferior, en el que tuviera que tratar con el público y mis jefes no supieran quien era yo, verdaderamente.

El nombre oficial de mi cargo era Otorgador de Licencias variadas para personas mayores de 60 años y menores de 80. Entre las pocas licencias que podía conceder se hallaba pescador de peces ligeros en arroyos, lagunatos, presas, charcas y similares.

No era el único en ocuparme de tal labor. En un largo corredor se abrían varias ventanillas sobre las cuales había rótulos rojos en los que se decía "Permisos para personas de 20 a 40 años", "Permisos de 40 a 60". Otros rótulos verdes anunciaban "Permisos de 80 a 100" y "Permisos de 100 a 120 años".

La ventanilla contigua a la mía la ocupaba un muchacho muy joven, en la más lejana, la de 40 a 60, estaba un hombre de ojos de camaleón y sonrisa de cocodrilo.

El primer día de trabajo, el jefe del departamento puso delante de mí un grueso fajo de hojas, quizá 100.

—Estas son las regulaciones e instrucciones por las cuales usted se debe regir —me dijo—. Léalas con mucha atención y recuerde bien que no puede autorizar ninguna solicitud que no se encuentre claramente descrita en la resolución R-409580/2123W/359999Z Con calma me leí las instrucciones y al final no las entendí. Con ellas en la mano me dirigí al jefe.

—No comprendo —dije.

—¿No entiende qué? Todo está perfectamente explicado en las hojas que le entregué.

—¿Por qué licencias por edades, cuando se pudieran otorgar a todo el mundo, sin diferencia de edad?

—Trase —me dijo con severidad— si le he otorgado este empleo tan codiciado es porque usted ha venido bien recomendado por altas figuras que me han hablado de su inteligencia y capacidad para comprenderlo todo de un golpe.

No supe qué decir y callé.

—Pero veo que se han equivocado y usted se comporta igual que un ingenuo.

—¿Qué quiere decir?

—Lo que oye, que usted parece un idiota… —sus palabras se hicieron susurro— ¿acaso no se ha dado cuenta de que si reúno el otorgamiento de las licencias en una sola ventanilla de 20 a 120 años, tres hombres que me han sido recomendados, al igual que usted, se quedarán sin trabajo.

Tanto fue mi asombro que se me ocurrió otra pregunta.

—¿Y por qué sólo otorgar licencias para pescar peces ligeros en arroyos, lagunatos, presas, charcas y similares? ¿ Por qué no, también, en ríos, lagos y mares? Así se ganaría tiempo.

Un gesto de lástima apareció en la cara del jefe.

—Querido Trase, usted acaba de llegar y antes de opinar debe familiarizarse con todo esto. Por supuesto, no puede saber que en el segundo piso hay ventanillas similares a la de usted en las cuales se expiden licencias para pescar peces ligeros en los sitios que usted señala. Ya le explique que eso permite que otros cuatro honestos hombres que me han recomendado, se ganen la vida.

—No, no lo sabía —dije avergonzado.

—Bueno, vaya allá y véalo usted mismo —me ordenó con furor.

El jefe se levantó de su asiento y me extendió la mano, dando por terminada la entrevista. Fui a estrechársela, agradecido, pero una presión interior, más fuerte que yo, me obligó a una nueva pregunta.

¿Y por qué otorgar licencias sólo para peces ligeros y no para grandes?

Por un segundo, la mano del jefe se quedó extendida, pero enseguida se elevó en el aire, parecida a un martillo, y se detuvo frente a mi rostro.

El jefe inhaló aire con fuerza y retiró el brazo.

Yo me pregunté qué sería él, en verdad ¿un un mandante, un brujo, un escriba?

Luego de expulsar el aire, hizo un esfuerzo para hablar con calma.

—Decididamente, Trase, usted es un caso muy raro del cual no me hablaron sus recomendadores... Sepa que en los pisos superiores hay, en el mismo orden que aquí, ventanillas para peces pesados; así, todo hasta el décimo piso, está lleno de ventanillas. Bueno, vaya, vaya a su trabajo y luego volveremos a hablar con calma. Y recuerde, nuestra divisa y orgullo es rectitud, mano fuerte y ninguna excepción.

—De acuerdo, jefe, perdóneme usted mi ignorancia —dije, haciendo un esfuerzo por fingir sumisión, pero en mi interior ya bullían nuevas ideas.

Las ventanillas se abrieron justamente a las ocho am y mi primer solicitante fue un viejo de aire triste y lentes gruesos. Tras él se extendía una fila de unas veinte personas.

—Vengo por una licencia para peces ligeros pescados en charcas —dijo y me miró con ternura.

139

Me pareció muy agradable y le sonreí.

—Magnífico. ¿Y usted que edad tiene?

—Pues ¿qué edad voy a tener, hombre? Pues 80 años bien acabados de cumplir.

—Pues me temo que esta no es su ventanilla. La suya es la número cuatro.

Allí esperaban unas cincuenta personas.

—¿La cuatro? Pero si llevo aquí dos horas aguardando a que abrieran.

—Lo siento —dije—. No tengo el correspondiente permiso de autorización.

Se fue el viejo, renegando de mí y de todos los burócratas, y atendí a unas diez personas que sí cumplían los requisitos. Todas, según me dijeron, habían hecho la fila a las seis de la madrugada. Todas me saludaban con falso aprecio y en sus voces noté temor. Ellos dependían de mi respuesta. Una señora mayor que de joven debió haber sido muy bella me sonrió con coquetería. Otra me ofreció un pastelillo que rechacé. Un hombre me tomó las manos con agradecimiento mientras musitaba "gracias, gracias, caballero".

Yo era muy importante, me dije. Yo podía juzgar y decidir sobre ellos, permitirles o no pescar. Aquello me daba poder y me agradó. De repente, algo cambió en mí. La euforia me dominó. Aquel empleo comenzaba a gustarme.

En la ventanilla próxima a la mía cuatro personas fueron rechazadas. Mientras se retiraban entristecidas, el chico que trabajaba allí me guiñó un ojo y me mostró el puño en un gesto de fuerza y poder.

Mi onceno demandante fue otro anciano y tuve el temor de que se volviera a repetir la historia del viejo de aire triste.

—¿Qué edad tiene? —le pregunté.

—79 años y 365 días.

—Es decir, tiene ochenta años.

—No, señor. Los ochenta los cumpliré hoy a las doce de la noche.
No supe qué responder. Discretamente consulté la Resolución, pero allí no se mencionaba el caso de alguien que cumpliera años el mismo día en que solicitaba su licencia. Decidí ser magnánimo y, ateniéndome al derecho a la duda, otorgarle la licencia.
—¿Y qué pez quiere pescar? —pregunté cuando el cuño del permiso se elevaba en el aire.
El viejo pareció sorprendido.
—¿Pez? Claro que un róbalo de espina larga, en el arroyuelo que corre por detrás de mi casa.
—¿Un róbalo, y de espina larga? Esos no se pescan en arroyuelos, pero, además, por su peso, no están comprendidos en la categoría de peces ligeros —mi voz era impositiva, arrogante.
—¿Qué me dice? —chilló—, desde hace veinte años vengo pescando róbalos en ese lugar y nadie nunca me lo prohibió ni me dijo tal cosa.
Me violenté. ¿Qué se creía aquel viejo imbécil? ¿Acaso pensaba que era más importante que yo? Yo era el mandante y se lo demostraría
—Hay nuevas disposiciones —dije con malignidad—. No puedo otorgarle la licencia. El siguiente.
El hombre se abalanzó hacia mí, pero, por suerte, entre él y yo estaban los barrotes de la ventanilla. Fue necesario que dos miembros de la seguridad lo agarraran a la fuerza y lo echaran a la calle.
Entonces sentí que me estaba transformando en un real burócrata, y lo disfrutaba. Sí, lo disfrutaba.
Nuevos solicitantes acudieron ante mí y a todos los traté con el duro rigor que se merecían, aunque con la educación que me caracteriza. De veinte solicitudes rechacé 18. En algunos casos vi la tristeza en los rechazados, pero no debía conmoverme. Yo era un juez severo que no podía apartarme de lo dispuesto por la ley en la resolución R-409580/2123W/359999Z.

Vuelvo a reconocer que sentí placer por el poder concentrado en mí.

Sonreí y eché un vistazo a las otras ventanillas. En la de 40 a 60 años, una hermosa rubia que no pasaría de los 30 años, se retiraba sonriente con su permiso en la mano. En la de 20 a 40 años, un hombre de unos cincuenta años cuchicheó con el empleado; después extrajo disimuladamente un fajo de billetes de su cartera y se lo entregó. El hombre se retiró con su licencia y el empleado al comprender que yo lo había visto todo se movió inquieto.

Atención. ¿Qué estaba sucediendo? Aquello no era el poder de un burócrata justo. Aquello era, simple y llanamente, corrupción. Mis nervios se tensaron al máximo, a punto de estallar. El furor comenzó a subir por mis pies.

—Por favor, quiero un permiso para pescar agujas en el estanque cercano a mi casa. Señor, ¿sería tan amable que me lo concediera? Nunca he pescado, pero es la ilusión de toda mi vida y ya no me queda mucho.

Quien me hablaba era una adorable anciana de no menos de 90 años y sonrisa angelical. Fui a decirle que en los estanques no hay agujas, que sólo se encuentran en el mar y que ella jamás podría arrastrar a una de ellas y que la resolución R-409580/2123W/359999Z establecía que hiciera el pedido en otra ventanilla.

—Por favor, señor, ese fue el pedido de mi esposo, un gran pescador —el habla de la anciana se fue haciendo apagada y en sus ojos vi lágrimas—. Captura para mí una gran aguja, me pidió en su lecho de muerte. Nunca lo pude hacer, pero ahora que estoy a punto de reunirme con él quiero intentarlo.

—¿Pero qué estás haciendo, Trase? —gritó alguien dentro de mí—. ¿Qué importa que las agujas no estén en los estanques y que ella no pueda pescar ninguna? Déjala que sea feliz con su propósito que, probablemente, nunca cumpla. Al diablo con la resolución, al diablo con el Jefe, al diablo con la ley, al diablo con estos malditos corruptos.

142

—Aquí tiene su permiso señora y que lo disfrute. Quizá yo vaya a acompañarla en la pesca. La anciana me dio un beso y ese beso me salvó y me hizo comprenderlo todo.

Yo había tenido, afortunadamente, por poco tiempo, la enfermedad de los burócratas.

Era necesario hacer algo. En primer lugar contra mi jefe. Tomé la famosa resolución R no sé cuánto y me dirigí a su despacho.

Al entrar yo, salía otra rubia espectacular en cuyas manos vi diversos permisos. Ya dentro del despacho me encontré con mi colega el empleado de la tercera ventanilla que me observó con sus ojos camaleónicos y se apresuró en salir. Yo lo fulminé con la mirada.

—Siéntese, Trase —me dijo el jefe con prepotencia. Frente a él, sobre su buró, había una primorosa botella de whisky, aún envuelta en papel de regalo.

Yo me mantuve parado, moviendo los dedos de las manos, gesto muy peligroso en mí, algo bien sabido por Fuente Fontana.

—Usted Trase ha cometido una grave violación de la resolución R-409580/2123W/359999Z al otorgarle licencia a esa anciana. Eso aquí es inadmisible y condenable —su voz se convirtió en el rugido de un tigre y su dedo índice en el cañón de una pistola, apuntado contra mi frente—. No le permi...

No pudo terminar la frase.

Incontrolables, los dedos de mi pies también comenzaron a moverse y el furor y la cólera subieron desde ellos a la pierna y desde allí al estómago y al pecho, enseguida a la garganta y a la boca que se abrió mostrando mis colmillos, filosos colmillos y, por último, a la cabeza donde mis cabellos se pusieron de punta y, finalmente, a cada una de las células del cerebro que dieron la orden a mi boca, mis piernas y mis manos.

—Aaaaah —aullé, como el loco que dicen que soy y, saltando sobre él, le aferré el cuello con una mano y con la otra llevé la famosa resolución hacia su cara.

—¿Qué dices, burocrática y corrupta sabandija? Enseguida te vas a comer la maldita resolución que sólo sirve para hacer sufrir a unos cuantos infelices y enriquecerse a ti y a tus amigos.

Aterrorizado, él abrió la boca en la que le introduje páginas y páginas. Cuando ya estaba a punto de tragarse las páginas o de asfixiarse, acudieron, atraídos por el escándalo, varios hombres que, a duras penas lograron contenerme.

—Esto lo vas a pagar muy caro, Trase. Por de pronto estás despedido —masculló enronquecido.

Aquellas palabras me provocaron un violento ataque de risa y riéndome me sacaron a la calle.

No me sucedió nada. Mis amigos de la Agencia Interespacial de Inteligencia lo taparon todo y lo más que tuve que sufrir fue otro encierro, de una semana, en el insanatorio, con Fuente Fontana que trató de convencerme de lo inútil de emplear la violencia. Yo dije que sí a todo y mientras tanto pensaba en mi siguiente propuesta, en este caso para salvar a la humanidad de la burocracia.

Así que, cuando me enviaron a mi casa, mis ideas estaban totalmente conformadas.

La burocracia en su forma pura, me dije, es un grave trastorno socio-psicológico que ataca a los funcionarios públicos a los cuales les hace creer, como fue mi caso, que son importantes, superiores a quienes se presentan ante ellos. Te engrandeces y te figuras ser un Rey dispensando dádivas o cortando cabezas.

Tal enfermedad nos saca nuestros peores instintos, el delirio de grandeza, de poder, el deseo de humillar y avasallar. El burócrata puro no es más que un infeliz que vuelca sus frustraciones y fracasos en aquellos que deben acudir a él.

Siempre, lo más golpeados son los solicitantes desvalidos y pobres. Los que pueden comprar favores e indulgencias se salvan.

Pero también existen los burócratas no enfermos, pillos, que se aprovechan de su cargo para recibir sobornos y hacerse ricos.

Mi Proyecto contempla ambos casos.

Para la enfermedad socio-psicológica del burócrata se harán profundos estudios en busca de una vacuna u otro medicamento que elimine ese mal entre los infestados. El dinero para tales investigaciones pudiera provenir del ahorro que se obtenga cuando se acaben las investigaciones históricas, con sus correspondientes publicaciones, al igual que las publicaciones de literatura. Mientras se descubre, la vacuna se podrá experimentar con el método del electro shock, que ha demostrado su utilidad en otras situaciones. A cada burócrata se le dará su correspondiente sesión de corriente con lo cual se curarán o dejarán el cargo.

Con el burócrata pillo habrá que ser más riguroso. Como es natural, se le confiscarán todos sus bienes materiales y se repartirán entre los pobres.

En la espera del correspondiente juicio penal, se le obligará a que, diariamente, sentados en una sillita escolar, escriba, de corrido, diez mil veces, en una libreta, la frase "Prometo que nunca más volveré a ser un pillo burócrata". Si se detiene la escritura o se equivoca con las palabras deberá comenzar de nuevo. Calculo que esa tarea le lleve alrededor de quince horas, con pausas de treinta minutos, cada cinco horas, para comer algo y hacer sus necesidades. Luego, vestido con un largo ropón gris y llevando en la cabeza un gorro de cartón en forma de cucurucho, montará sobre un burrito, en cuyo cuello colgará un cartel con su nombre y apellido.

Sobre la espalda del ropón y a lo largo del cucurucho estará escrito "Pillo Burro-crata". Así vestido y montado en el burro, hará un recorrido hasta la plaza central del pueblo o ciudad donde se encuentre. A ambos lados de su camino, se situarán las víctimas de sus malos manejos y toda persona honrada que lo desee. Al igual que con los políticos, en el día de la Gran risa (muchos políticos son burócratas), la gente podrá lanzarle huevos, frutas podridas, coliflores y hasta zapatillas viejas, pero nada que pueda herirle de cuidado. Cada cien metros el burro se detendrá y el condenado gritará con

145

toda su fuerza "Prometo sinceramente que nunca más volveré a ser un pillo burócrata"
Al final del recorrido, descenderá del burro y, rodeado por la multitud, se tenderá en el suelo y repetirá quinientas veces "Nunca, nunca más, seré un pillo burócrata".

En el juicio penal, los jueces tomarán muy en cuenta el arrepentimiento demostrado por el detenido y lo más probable es que sea puesto en libertad condicional o sancionado con una pena de cárcel leve. Por supuesto, en los casos de máxima gravedad o de incorregibles reincidentes, el fiscal podrá solicitar condenas de hasta veinte años o incluso la horca, pero no creo que haya que llegar a tales extremos.

Así, en el plazo de una generación, desaparecerá el azote de la burocracia y todos podremos sentirnos libres de tan terrible mal.

Mucho me complacería que tal Proyecto se recuerde con mi nombre, Antonio Trase, el Justiciero, amigo de las hormigas. Estoy seguro que la posteridad me recordará con admiración.

De los optimistas

Ayer, mientras releía *Cándido*, de Voltaire, vino a visitarme Félix Pico de la Paz, viejo conocido de mis tiempos universitarios. Es profesor y un optimista incorregible, uno de los más incorregibles de los muchos que he conocido en mi larga vida. Paso a paso, llegó hasta mí y me dio un abrazo que quiso ser fuerte, pero no lo fue. Se veía muy extenuado.

—¿Cómo estás? —le pregunté.

—Mejor que nunca —una débil sonrisa navegó en su boca.

—¿Sí? —mi tono fue de duda.

—Mi existencia no puede ir mejor.

Luego de frase tan afirmativa se sentó y hablamos de cosas intrascendentes, de la vida que cada vez se hacía más cara por los escandalosos precios de los productos del agro, de los crímenes del último asesino en serie, del enjuiciamiento del alcalde de la ciudad, acusado de apropiarse dos millones, del horrible estado de destrucción de las calles de la ciudad y de otros asuntos sin mayor importancia.

—Bueno —Félix miró su reloj—, debo irme, me esperan.

—¿A dónde vas con esa prisa? Quédate un minuto más.

—No puedo. Tengo un asuntillo que atender en el juzgado… me divorcio.

—¿Al juzgado? ¿Te divorcias?

—Me divorcio…

Félix se volvió a sentar. Su débil sonrisa se transformó en un gesto de tristeza.

—Mi mujer, me hace la vida horrible y no he tenido más remedio que divorciarme… —Félix suspiró y comenzó a contarme.

En pocas palabras, su mujer, mucho más joven, lo trataba como a un perro viejo, no lo quería ni se interesaba por él, pero ante el juez había demostrado todo lo contrario y, al no tener vivienda propia ni a donde ir, probablemente se quedaría con la casa de Félix que era la de sus antepasados y, quizás, hasta con el automóvil.

Terminó su historia y al ver su sonrisa no supe si era falsa o la de un ingenuo.

—Pero estoy seguro de que todo saldrá bien —afirmó.

Cuando se marchó me quedé meditando. Lo que no sabía Félix, o sí lo sabía, pero no quería saberlo, era que su mujer lo engañaba con su vecino. Era muy bella aquella mujer, simpática, manipuladora. Con seguridad convencería al juez, un hombre joven no muy honesto, que fallaría contra mi amigo. Admirable Félix, sentirse optimista en una situación así. ¿Admirable o ingenuo? No supe qué responder.

Esa misma tarde me visitó Salvador Alegría Salvatierra, otro viejo conocido. Por lo visto, era mi día de las visitas de conocidos con nombres y apellidos jubilosos.

Apenas verle comprendí que no se encontraba bien. Avanzaba lentamente, con inseguridad; su rostro era amarillento, sus ojos apagados y en su cabeza no quedaba un cabello. Sin embargo, cuando se acercó para abrazarme exhibió una gran sonrisa.

"Sospecha de los hombres consumidos y macilentos que sonríen mucho. Son unos hipócritas o unos idiotas", me aconsejó mi abuelo.

A Salvador lo apreciaba y lo abracé con afecto y fuerza. Quizá demasiado porque enseguida comenzó a toser.

Tosiendo siguió mientras se sentaba y yo lo observé con preocupación.

—¿Te sientes bien? ¿Un vaso de agua?

—No, es momentáneo, se me pasará —nueva tos—. Estoy perfectamente bien, mejor que nunca, estupendamente.

—¿Pero no te despidieron de tu alto cargo en el banco?

—Si, pero eso fue la semana pasada. Hoy ando en un plan de inversiones que me reportará miles.

Sin dejarme hablar, Salvador me explicó que el plan consistía en la compra de terrenos en la costa que, en muy poco tiempo, según dijo, cuadruplicarían su precio y lo harían ricos, a él y a otras veinte personas a quienes había convencido de invertir sus dineros. Lo que no me dijo, pero yo sabía, era que aquellos terrenos eran pantanosos y colindantes con el peor barrio de indigentes de la ciudad. Cuando le pregunté cómo pensaba desecar los pantanos me respondió que eso era un detalle sin importancia que estaba en estudio y pronto se solucionaría; en cuanto a los indigentes, con seguridad los convencería de que se mudaran a otro lugar. En los terrenos rescatados se levantaría un hermoso barrio.

—Qué maravilla, qué maravilla mi plan —dijo—, ¿no lo ves?

—Lo veo, lo veo. ¿Y ya pagaste los terrenos?

—Totalmente. Me he quedado sin un centavo, pero ya verás. Hay que ser muy optimista, amigo mío, tú que eres pesimista deberías cambiar. Ya verás, ya verás que éxit... —un ataque de tos le obligó a callar.

Al despedirnos le deseé suerte y quedamos en encontrarnos dentro de un mes.

Nunca nos volvimos a ver. En ese tiempo, se declaró una terrible epidemia entre los habitantes del barrio de indigentes y el alcalde declaró que el foco infeccioso provenía de los terrenos pantanosos que nunca pudieron ser desecados. El acceso a ellos se prohibió y sus precios cayeron aún más. Me imagino que aquello condujo a la ruina final de Salvador que terminó lanzándose desde un décimo piso.

Cosas de la vida, Félix se enteró que su esposa le engañaba, perdió el litigio y ella se quedó con la vivienda, el auto y la mitad de la cuenta bancaria de mi amigo. Cosas de la vida, él también se lanzó del décimo piso de un céntrico edificio. No hay que decir que los dos quedaron irreconocibles.

Ambas muertes me consternaron y me hicieron recordar otras palabras de mi abuelo quien decía que la diferencia entre un optimista y un pesimista radicaba en que el optimista, al pararse en un décimo piso con el ánimo de suicidarse, piensa que al golpear el suelo no sentirá dolor porque ya estará muerto, mientras que el pesimista está convencido de que sufrirá mucho.

También recordé historias de optimistas, bien conocidos, que siempre vivieron con la idea de que lograrían todo lo que se proponían. Al final, sus vidas terminaron en verdaderos desastres. Estas habían fracasado para desgracia, no de ellos, sino de sus naciones. ¿A dónde había conducido el optimismo y la fe del *Fuhrer* alemán, que proclamó que su imperio duraría mil años, sino a la destrucción de su país y del mundo?

Una idea extraordinaria entró en mi mente. La euforia me dominó. Me levanté y le grité a mi ama de llaves que me trajera mi bebida revitalizante. También salami húngaro y jamón serrano. Temerosa, ella corrió y me sirvió lo pedido. Aprisa comí y bebí y más euforia llenó mi cabeza. Debía compartir mis ideas con alguien. ¿Con Fuente Fontana? Pero, ¿qué sabían los psiquiatras del optimismo si ellos mismos no eran optimistas respecto a sus pacientes? Del pesimismo y la depresión sí habían escrito mucho, pero del optimismo muy poco.

Pero antes de comentar mis ideas y llegar a conclusiones definitivas debía, como siempre, saber mucho más del tema. Con la pasión y con la energía de mis amigas las hormigas, comencé a leer todos los libros que trataban sobre esa materia, desde los griegos hasta el presente. En especial, me detuve en el libro *Ensayos de Teodicea sobre la bondad de Dios, la libertad del hombre y el origen del mal.*

Por Dios, qué libro tan espantosamente aburrido; solo su título aterraría a cualquier u otro que no fuera tan valiente como yo. No se lo recomiendo a nadie que esté en su sano juicio. Su autor, Gottfried Wilhelm Leibniz, un filósofo y matemático alemán, afirmó que vivimos en un mundo optimo, el mejor de todos los posibles.

Leí aquello del mejor de los mundos posibles mientras masticaba un trozo de un excelente salchichón y casi me atraganto por el ataque de risa que me provocó. Tuve que beber un buen trago de mi copali para tranquilizarme. Un mundo óptimo, ja, ja, ja.

Se lo comenté a mi amigo Isaac Levi, un judío que perdió a su madre, sus hermanos, su esposa y cuatro hijos, en un campo de concentración alemán, del cual él sobrevivió milagrosamente. Isaac me observó y calló, pero, por su mirada, comprendí lo que pensaba del mejor de los mundos.

Por suerte, el genial Voltaire escribió el extraordinario *Cándido o del optimismo*, libro que recomiendo a todos, donde ridiculiza a Leibniz en la figura del Doctor Panglos. En fin, abrevio. No quiero que esta reflexión mía sea tan tediosa como la Teodisea y los pocos que me lean desistan de continuar.

Después de profundas investigaciones, he llegado a la conclusión de que los optimistas se dividen en dos grandes grupos.

El primero de los ingenuos, buenas personas que no tienen información sobre el mundo que les rodea y los verdaderos hechos que rigen sus vidas. Un optimista ingenuo es un hombre sin información. Creen que con sus pensamientos positivos pueden evitar las desgracias y atraer la dicha. Mi amigo Isaac Levi fue un optimista ingenuo e incorregible, lleno de esperanzas, hasta que lo encerraron en el campo de concentración. Por supuesto, no había leído "Mi lucha" ni otros escritos de Hitler.

El optimismo de las buenas personas viene acompañado por la esperanza y la fe de que no les sobrevendrán desgracias o, si ya están en camino, desaparecerán y nunca les irá mal. Ese fue el caso del judío Isaac. Su primo Elías fue un optimista de fe religiosa, según la cual, Jehová nunca lo desampararía. Murió en el horno número dos de Dachau.

No pude conocer a Elías, pero he guardado un gran respeto para él y sus ideas.

El segundo grupo es el de los falsos optimistas. Saben muy bien que su optimismo, siempre público, no conducirá a buenas cosas, o en el mejor de los casos, a nada. Aquí incluyo a los políticos, a la mayoría de los abogados y grandes líderes del mundo financiero e internacional. En nombre del optimismo piden sacrificios. Ellos sí reciben beneficios porque están muy bien informados y son muy realistas. Ya mencioné a dos de los falsos optimistas más connotados de la historia, pero hay otros cientos que conviven con nosotros.

Qué hacer con los optimistas, de cualquier tipo, fue una cuestión que me atormentó por mucho tiempo, me deprimió, y me hizo dejar de comer y dormir.

Por suerte, una noche logré dormir maravillosamente y al despertar tenía en mi mente la solución ideal.

Por ley se prohibirá el optimismo. Este será condenable. No se permitirá exponerlo en los medios de comunicación y se vigilará que no se trasmita por internet.

Con los optimistas ingenuos se será benévolo y se tratará de convencerles de lo nefasto de su conducta. Si persisten en ella, serán tratados por expertos psiquiatras y no se excluye la posibilidad de que sean internados en clínicas especializadas en antioptimismo.

Con los falsos optimistas habrá que ser mucho más duro. Se les prohibirá toda intervención pública en la que convoquen a la población a ser optimista; también hacer cualquier tipo de promesa de este tipo; es más, la palabra promesa deberá ser borrada del diccionario. Tendrán que ser absolutamente realistas y objetivos.

A los reincidentes se les guardará en un gran corralón de cerdos, en la espera de un juicio en un tribunal que podrá prolongarse años. Allí tendrán todas las comodidades de un país pobre, dormitorios con literas de agradables colchonetas y baños de agua caliente cada cados semanas. Como son obstinados, se estarán prometiendo, unos a los otros, que, en breve, volverán a su vida anterior y solucionarán todos los problemas de la humanidad. Sabrán que son mentiras, pero, de todas maneras, abrigarán una esperanza y sufrirán cuando vean que no se cumplen.

Mi Proyecto será ejemplificante y al fin la humanidad dejará de autoengañarse y de ser engañada. Un último comentario. La única especie del planeta que padece el optimismo es la humana. Los animales no son optimistas ni pesimistas, son realistas. Las máquinas pensantes no conocen el optimismo, este no se incluye en sus programas. En el ajedrez tampoco existe el optimismo. Los grandes maestros del ajedrez no realizan sus jugadas basándose en él. Si lo hicieran perderían todas sus partidas.

Concluí de escribir lo anterior y me sentí eufórico, totalmente feliz, realizado. Así estuve algún tiempo, rumiando mis ideas, meditando otras nuevas.

¿Pero, me habré equivocado en mi propuesta sobre los optimistas? La pregunta me asaltó durante una madrugada de insomnio y ya no sale de mi mente. Tengo la firme esperanza de que no y de que todos me comprendan y mis escritos sean bien recibidos.

Espíritus

¿Existe la vida después de la muerte? ¿Existen los espíritus? Esas dos preguntas me intranquilizaban, me desvelaban. Siguiendo mi costumbre, para obtener respuestas consulté cuanto libro trata el tema. Mis ojos cabalgaron, entre otros, por *La doctrina secreta* de Helena Petrovna Blavastky, *El libro de los espíritus* del bien informado Allan Kardec, *El espiritismo* de A. Conan Doyle, *Después de la muerte*, de A Toynbee, y el Fedro, de Platón.

Asimismo, navegué por el budismo y el hinduismo cuyos libros sagrados, los Upanishad, devoré en seis semanas, y me fatigué siguiendo las huellas de la reencarnación a través de los senderos de la metempsicosis, el samsara y el karma.

A pesar de tantas lecturas, no obtuve respuesta cabal y continuaron agobiándome aquellas dos preguntas que ya habían dado paso a una tercera, ¿Sería yo la reencarnación de alguien?

En el Zohar o Libro del Esplendor, Shimon Bar Yojai escribió algo que me llamó poderosamente la atención: "Todas las almas están sujetas a la transmigración... Son ignorantes de las muchas transmigraciones y pruebas secretas que deben de pasar".

Leí aquello y, de repente, tuve la oscura certeza de que he pasado por múltiples existencias, entre ellas una de jacobino, cuyo cuello fue cortado en Paris por una filosa guillotina el 10 de Termidor del año II de la Revolución Francesa, es decir el 28 de julio de 1794. Me refiero a Robespierre.

Sí, yo fui Robespierre. Por eso, en noches de terror, me despierto con la sensación de que una cuchilla rebana mi cabeza que rueda entre las sábanas de mi cama.

Fanático, asesino, cruel, quizá todos esos pecados me han acompañado de vida en vida y provocaron que renaciera en este mundo actual como un ser triste y solitario.

Mis dudas y temores se las comenté a Fuente Fontana ¿Regresaría yo, en mi próxima existencia, en el cuerpo de un perro o de una rata? Por supuesto, ni una palabra de que en mí había reencarnado Robespierre; de inmediato me hubiese encerrado.

—Muy interesante, muy interesante —me dijo y escribió en la libretica que le acompaña—. Querido Trase, en su situación es normal que piense tales cosas, pero no hay de qué preocuparse. Ahora mismo, le daré unas pastillas que le calmarán y le harán olvidarse de esos infundados temores. Nada le sucederá ni reencarnará en el futuro por la sencilla razón de que no existe otra vida.

Fuente Fontana hurgó en los bolsillos de su bata, sacó una cajita y me la dio.

—Tome dos tabletas diarias y reunámonos en un mes. Usted verá que se sentirá bien.

"Al diablo con las tabletas y con el doctor —me dije—, es un ateo que no cree en nada".

Mis respuestas debía buscarlas en otro lugar y ese lugar no podía ser otro que el salón de un médium, capaz de comunicarme con los espíritus que nos rodean.

De inmediato puse el siguiente aviso en internet: "Necesito médium profesional y serio. No acepto farsantes y charlatanes. Buena remuneración. Contactar A. Trase".

Para ese momento una nueva pregunta me había asaltado. ¿Si existía, como yo creía, la reencarnación, ¿dónde se hallarían los espíritus de algunos grandes dirigentes políticos? ¿ Aún estarían vagando en el espacio o habrían ya reencarnado? Mucho me gustaría hacerles ciertas preguntas sobre sus acciones y decisiones.

Poco tiempo después, mientras releía el *Gog* de Papinni, en una bella edición de la editorial Lectorum de México, pero con un extraño prólogo, mi ama de llaves me anunció la visita del primer médium espiritista.

Ante mí se presentó un hombre muy alto, totalmente calvo, de ojos hundidos y mandíbula prominente.

—Soy Eusebio Zas Rasovski, médium iluminado y vengo por su anuncio —me dijo—. Me consideran un médium de primerísima categoría y he recorrido medio mundo. A través de mí se han manifestado Winston Churchill, el Kaiser Guillermo y otros grandes hombres, pero mi especialidad son los escritores, de la talla de Conan Doyle, Agatha Christie y Jorge Luis Borges.

—¿Por qué los escritores?

—Bueno, también soy un poco escritor. He publicado dos novelas policiacas de espíritus que reencarnaron en el cuerpo del detective Orejón y del asesino Mostroso. Además, modestia aparte, en mí ha reencarnado Emile Zola.

Al parecer, me hallaba frente a todo un señor médium escritor.

—Excelente, señor Zas ¿Y en qué puedo servirle, caballero? Deseo reencontrar a mi espíritu.

—¿Qué quiere decir el caballero? —Hubo un gesto de sorpresa en Zas Rasovski.

—Tengo la seguridad de que el espíritu de Robespierre esta dentro de mí.

Zas Rasovski no respondió de inmediato.

—Me temo, caballero que eso es imposible. Si, como dice y yo creo, el espíritu de Robespierre reencarnó en un usted, ese espíritu se encuentra en su interior y para poder ponernos en contacto con él será necesario que usted muera.

No quería morir y guardé silencio.

Zas Rasovski me observó con mucha atención.

—Y bien, señor Zas Rasovski, si es imposible conversar con mi propio espíritu, deseo comunicarme con algunos grandes hombres.

157

—¿Cómo quiénes, caballero? —Debo recordarle que si son personalidades fallecidas hace más de un siglo será casi imposible que se manifiesten porque o habrán desencarnado, uniéndose a la divinidad, o estarán en cuerpos actuales; ese es el caso del espíritu de Robespierre, que está dentro de usted.

—No deseo algo tan anterior. Solo pretendo tener una pequeña comunicación con Stalin, Hitler, y algún otro

Zas Rasovski no se mostró sorprendido por mi pedido.

—Extraordinarios personajes, pero muy difíciles para establecer comunicación. De todas maneras, haré mi mayor esfuerzo.

Después de ponernos de acuerdo en los honorarios que, según Zas Rakovski no serían para él, sino que se destinarían a la Fundación Almas en Pena, quedamos en encontrarnos a las nueve de la noche, en su consulta espiritual de la calle Tercera con la 36. Allí, me explicó, él estaría auxiliado por su esposa Felicite y su hija Yocandra, médiums también las dos. Entre los tres hablaban doce idiomas incluidos el esperanto y el árabe, así que no tenían dificultad para entender a espíritus de otras lenguas.

A la hora en punto estuve frente a la casa de Zas Rasovski. Él mismo me abrió la puerta y me condujo a un pequeño salón en penumbras, en el centro del cual estaban cuatro sillas y una mesa ovalada sobre la que se hallaba una campanita dorada. Enseguida entraron su esposa y su hija. El cabello de Felicite era rojo fuego y el de Yocandra negro cuervo.

Luego de la presentación nos sentamos alrededor de la mesa y a pedido de Zas nos tomamos de las manos. Así permanecimos unos minutos con los ojos cerrados.

—Aquí estamos, pidiendo paz y amor para todos los de este plano y los del otro —dijo Zas Rasovski.

—Aquí estamos, queridos hermanos. Vengan y manifiéstense —dijo Felicite.

—Vengan a nos —dijo Yocandra.

Una corriente de aire frío recorrió mi espalda y creí escuchar una especie de suspiro.

—¿Quién está ahí? ¿Quién quiere comunicarse? —Felicite se movió inquieta en su silla y apretó con fuerza mi mano.

—¿Quién eres? —exclamó Yocandra.

—Manifiéstate, habla —ordenó Zas.

—*Pribet, duraki* —oí que decía Felicite, pero no era su voz verdadera.

—Saludos, idiotas —tradujo Yocandra.

Abrí los ojos y vi que ella se contorsionaba.

—¿Quiénes son ustedes? —dijo la voz que salía de la boca de Yocandra.

—Personas de luz. El hermano Trase quiere comunicarse con Stalin.

—Stalin, ese perro. Por su orden me fusilaron una mañana del invierno de 1939 en Moscú, en la prisión de la Lublianka. Recuerdo que hacía mucho frío —mientras hablaba, Yocandra temblaba.

Se escuchó el sonido de la campanita.

—*Bratia, drusia, tovarichi* —dijo otra voz que venía de Zas Rasovski. Su cara tenía la palidez de un muerto—. Hermanos, amigos, camaradas.

Se hizo el silencio y yo volví a sentir la misma corriente de aire frío, muy frío, en la espalda. Me sobrecogí.

—Hermanos, amigos, camaradas, eso no es cierto. Es una calumnia de este sucio trotskista —volvió a escucharse la voz que venía de Zas, pero esta vez en mi idioma—. Se le fusiló por ser agente de los centros imperialistas del Japón y los Estados Unidos.

—Explícate —pidió Yocandra— ¿Quién eres?

—Soy Iósif Dzhugashvili, pero todos me conocen por Stalin. ¿Qué quieren de mí? ¿Por qué no me dejan descansar?

—El hermano Trase quiere hacerte algunas preguntas.

—*Ia vas sluchayo* —pronunció Zas—. Lo escucho.

Tuve miedo de preguntar, pero me armé de valor.

—Camarada Stalin, ¿no se arrepiente de nada?

—¿Arrepentirme? ¿De qué? —Stalin era agresivo.

159

—De la muerte por hambre, en Ucrania, de tres millones de personas, del asesinato de 20 millones de personas, fusiladas y en sus campos de concentración, del asesinato de 10,000 oficiales polacos en el bosque de Katrin. Y todo por órdenes directas suyas.
—¿Quién demonios eres? —chilló Stalin y yo me hundí en mi asiento —¿El hijo de perra Trostky? ¿Su nieto, acaso?
—No, soy Antonio Trase, un escritor considerado loco. Sólo quiero saber por qué hizo todo eso.
Hubo silencio en la sala. Luego la voz, fría, seca, volvió a golpearme.
—Tú no eres loco, eres un tonto. Sólo un tonto no sabe que hice todo lo que hice por el bien de las personas y de mi pueblo. Gracias a mí, Rusia se transformó en otro país, en una gran potencia. ¿Qué importan unos cuántos millones de muertos? Sin mí los rusos aún serían salvajes analfabetos. Yo salvé a Rusia —Stalin calló, para tomar aire, pero enseguida prosiguió con mucha irritación—. Pero no estoy dispuesto a seguir en comunicación con gente tan estúpida como ustedes. Adiós.
—Camarada Stalin, camarada Stalin —gritó Yocandra, pero nadie le respondió.
La campanita resonó por segunda vez.
—Se ha marchado, se ha ido —dijo Zas que había recobrado el color habitual y su voz normal.
Yo estaba bañado en sudor y los oídos me zumbaban.
—¿Quiere continuar? — me preguntó Zas.
—Por supuesto.
Continuamos y el siguiente espíritu que se presentó fue el de Adolfo Hitler a quien Felicite saludó con un *Sieg Heil*, lo cual me sorprendió. Le hice la misma pregunta que a Stalin.
—Führer, ¿no se arrepiente de nada?.
Su respuesta fue también similar.
—¿Arrepentirme de qué, puerco judío? —vociferó Zas, es decir, Hitler.

—De los seis millones de judíos y de los tres millones de gitanos, polacos, prisioneros soviéticos, homosexuales, testigos de Jehová, disidentes políticos, y otras personas, que asesinó en los hornos crematorios y fusiló?

—De lo único que me arrepiento fue el haber confiado en generales ineptos y traidores que me hicieron perder la guerra. Esos seis millones de despreciables judíos, salvajes gitanos, asquerosos homosexuales, bárbaros rusos, y otros parecidos, no tienen importancia. Lo importante es que yo, sólo yo, regeneré a Alemania, la volví a colocar en el lugar que se merecía, le devolví a los alemanes la fe en su patria y en su destino. Yo fui el salvador del pueblo alemán. Todo lo que hice fue por mi pueblo. Si no hubiese sido por los traidores generales que perdieron la guerra, Alemania sería hoy la nación dominante en el universo y usted, asqueroso judío, no me estaría haciendo estas estúpidas preguntas.

Hitler comenzó gritando, pero a medida que hablaba se fue apagando y, al final, solo se escuchaba en un murmullo. Por último se dejó oír una tos seca, de alguien que se está ahogando y un sonido como el disparo de una pistola. Después el silencio. Un silencio opresivo.

La campanilla volvió a resonar.

—El Führer se ha marchado —dijo Zas y con un pañuelo se secó el sudor de la frente.

A mí también me bañaba el sudor, en la cara, en las manos, en todo el cuerpo, un sudor frío, agobiante. Me sentí muy cansado, igual que si hubiese subido una empinada cuesta. ¿Qué pensaría Fuente Fontana si me viera así?, me pregunté. "En su estado, usted no debe recibir tales emociones. Pueden ser muy perjudiciales para su sistema nervioso", me diría, sin duda, pero Fuente Fontana no estaba allí esa noche para calmarme y ayudarme. Miré a Zas Rasovski, a Felicite y a Yocandra. Los tres se veían muy agitados.

—¿Quiere proseguir? — me susurró Zas. Sudaba intensamente.

¿Quería yo proseguir? La presencia negativa de aquellas dos maléficas criaturas me había extenuado, robándome mi energía. Sin embargo, era necesario continuar.
—Sí.
—¿A quién más desea invocar?
—A Harry Truman.
—¿Truman? Un hombre muy delicado y amable. Nunca ha dejado de responder a mis llamadas.
—Llámelo.
Volvimos a tomarnos de las manos. Zas suspiró y carraspeó. La penumbra se hizo más fuerte y los objetos no se distinguían.
—Querido Harry, ¿estás ahí? —dijo Zas con suavidad.
Silencio.
—Ven Harry —pidió Yocandra.
Nuevo tintineo de la campanilla.
—Harry acompáñanos
—*Mr. President,* reúnase con nosotros.
Otro tintineo.
—*Mr. President*, manifiéstese.
—Ven, Harry, hazte presente.
—*Good nigths my friends. How are you?* Gusto de estar con ustedes —Truman se presentó a través de Yocandra.
—El caballero —Zas se volteó hacia mí— quiere hacerle una pregunta.
—*Well, okay, my friends.* Suéltala, Trase —Truman era agradable, afectuoso.
— Presidente, ¿no siente remordimientos por ninguna cosa?
—¿Remordimientos? *I don't know. What kinds of remorse?*
—¿No le remuerde la conciencia haber matado a 120,000 japoneses y causado terribles heridas a otros 360,000 con la bomba atómica en Hiroshima?
Truman calló, al parecer sopesando sus palabras.

—En lo más mínimo. Fue una necesidad de la guerra. En la guerra siempre hay muertos —Truman no se alteró.

—De acuerdo ¿y por qué Nagasaki? No era necesario desde el punto de vista militar. Allí también hubo miles de muertos.

—Lo repito, no tengo de que arrepentirme. *Dear*, Trase, compréndalo, no tuve otra opción, lo que hice lo hice por el bien de mi país y de mi pueblo por el que me sacrifiqué y al que siempre serví —las palabras que llegaban a través de Yocandra parecían sinceras.

La campanilla volvió a escucharse y otra ráfaga de aire frío me recorrió la espalda.

—Se ha marchado —dijo Zas.

Felicite se recostó sobre la mesa.

La extenuación se me hizo más fuerte. Apenas lograba moverme y me costó mucho trabajo levantarme. La depresión estaba en cada rincón de mi cuerpo. Tendría que ver a Fuente Fontana para que me indicara un antidepresivo más poderoso pues corría el riesgo de caer enfermo. Algo me llamó la atención, ¿cómo Truman conocía mi apellido?

"Bueno, los espíritus nos conocen bien", me dije.

Le entregué un cheque a Zas Rasovski y partí de aquella casa a la que nunca volvería. Con gran dificultad regresé a mi mansión, tomé un somnífero y me acosté. Estuve durmiendo 48 horas seguidas, pero cuando desperté estaba animoso, eufórico, dispuesto para continuar mis Proyectos. Claro que no iría a ver a Fuente Fontana.

Con el desayuno, mi ama de llaves me trajo el periódico. Lo abrí. En la cuarta página, en un recuadro a la izquierda vi la foto de Zas Rasovski, junto a Felicite y Yocandra. Abajo estaba escrito: "Se sospecha que un grupo de estafadores, que se hace pasar por médiums, se dedica a timar a tontos e incautos".

Zas Rasovski se llamaba, en realidad, Iván Smirnov y era de origen ruso, Felicite era Hanna Schmid, alemana, y Yocandra, Jean Smith, norteamericana. Los tres habían desaparecido.

163

No creí en aquella noticia. Estaba seguro de que estuve en contacto con los tres altos dirigentes muertos. Cuando se hicieron presentes, de ellos emanó una corriente negativa que recorrió mi cuerpo.

Largamente estuve meditando qué era posible hacer contra aquellos seres infernales entre los que no incluí a Truman, demasiado simplón para ser hijo del infierno.

La corriente negativa que sentí aun me molestaba. Sólo podía proceder de Stalin y Hitler. Ese era el ectoplasma de ellos. Esas eran las vibraciones procedentes de los dos. Nuevamente, me sentí iluminado y comprendí. Si esos criminales tenían una forma de vibración así, en otros seres de su calaña también sería del mismo tipo. Habría que crear un dispositivo que permitiera rastrearla e identificarla, muy en especial, en las personas vivas. Sería el rastreador de ondas criminales (ROC)

Cuando se crease, lo que no debería demorar mucho, se le aplicaría a todo aquel que intentase convertirse en caudillo de cualquier cosa. Si el ROC diera negativo se le permitirá proseguir sus intentos, siempre bajo severa vigilancia pues todos los caudillos son peligrosos aunque no sean necesariamente criminales.

Si el resultado fuera positivo, el futuro Führer será enviado a la cárcel o a un manicomio.

Me sentí satisfecho de mi reunión espiritista. De ella había surgido otra de mis grandes propuestas para la paz y dicha humanas

En el antro

Al anochecer, estaba en mi casa, sentado en la terraza, observando a las hormigas, deprimido, como de costumbre, sin que ninguna nueva propuesta viniera a mi mente. Entonces Remi de Gut entró como una tromba, sin darle tiempo a Esperanza para que lo anunciara, y me abrazó con fuerza.

—¿Pero qué es esto, qué es esto? —exclamó— Estás más mustio que una planta del desierto de Atacama.

—¿El desierto de Atacama?

—El sitio más seco y caluroso del mundo.

Somos amigos desde mi temprana juventud, poco antes de mi tercer matrimonio, cuando, enloquecidos, frecuentábamos juntos discotecas, bares, cantinas, playas y, afanosos, buscábamos hermosas mujeres y otros prohibidos placeres. Todo eso ha quedado muy atrás para mí, que sólo deseo tranquilidad y serenidad, no para Remi que continúa su vida acostumbrada.

Su verdadero nombre es Remigio Gutiérrez, pero se hace llamar Remi de Gut porque, según él, suena chic y aún más aristocrático al añadir el "de". En pocas palabras, Remi es un alegre play boy, simpático, generoso y buen amigo, muy atento al ritmo de la vida social para seguir, según él, "en el ´último grito de la moda". Viste juvenilmente, calza zapatillas deportivas de la mejor marca, en vez de maletín lleva mochila y nunca, nunca, usa corbata porque la considera una prenda arcaica, de ancianos del siglo XX. Todo un encanto Remi de Gut.

—Te veo muy, muy, depre —con fuerza me palmeó el hombro—. Esto no puede continuar, no, no puede continuar. De seguir así te vas a volver loco.

—Ya estoy loco, según Fuente Fontana.
—¿Quién es Fuente Fontana? ¿Cómo se puede tener un apellido tan aguado y tonto? No lo conozco. ¿Qué clubs, qué casinos, qué discos y antros frecuenta?
—Es un excelente psiquiatra.
—Al diablo los psiquiatras. Son todos unos reprimidos frustrados que no saben divertirse. Al diablo Fuente Manantial, Fuente Charco o como diablo se llame. Ahora mismo te vas conmigo a divertirte.
—No puedo, tengo que pensar en mi próxima propuesta para felicidad de la gente.
—¡¿La felicidad de la gente?! ¿A quién le interesa en estos tiempos la felicidad de la gente?

Remi se echó en un butacón y comenzó a reír.

—Ahora sí veo que estás chiflado... peor, eres una momia, un dinosaurio del siglo XX... ja, ja.
—No te burles. Mis Proyectos son muy importantes. Ya tengo escrito once.
—Pero, hombre, ¿qué puedes saber tú de la gente, si vives encerrado en esta mansión? De vez en cuando haces algún viaje misterioso, pero estoy seguro de que no tratas a nadie ordinario y corriente. ¿Cuánto tiempo llevas sin relacionarte con personas reales de esta ciudad? ¿Sabes si son felices o infelices? No, no lo sabes. Pues te diré que son felices, muy felices. Ven conmigo y lo verás.

Las palabras de Remi me desconcertaron. ¿Qué sabía yo, verdaderamente, de la existencia de otros?. Quizá Remi tuviera razón y yo desconocía la vida común y corriente, me dije y me dejé llevar por un impulso.

—Vamos —exclamé.
—Magnífico. Vamos.
—¿A dónde?
—Al antro más antro de todos los antros de la ciudad, La guarida de Plutón.

Media hora más tarde estábamos frente a una puerta blindada junto a la cual se hallaban dos hombres robustos de rostros de gorilas y ademanes poco amistosos.

A unos pocos pasos se extendía una larga fila de personas, la mayoría jóvenes, pero también algunas maduras, que pugnaban por entrar. Cada vez que alguien cruzaba la puerta, los dos guardianes lo cacheaban. Aquello me recordó una película de Nicolás Cage, actor tonto y aburrido, y me dije que estaba frente a toda una aventura que quizá me sirviera para mis planes.

No tuvimos que aguardar ni ser cacheados. Remi conocía a los gorilas y pasamos a un inmenso salón, semiluminado por grandes reflectores que giraban sin cesar. Allí decenas de personas se apretujaban sin piedad, mientras bailaban y saltaban. Más allá se alzaba un escenario. A la izquierda vi una barra.

Una hermosa mujer se acercó a Remi, lo besó y se lo llevó a bailar.

—Bien, te dejo. Diviértete y sé feliz —me dijo Remi y se marchó contoneándose.

Me dirigí a la barra, me senté en una butaca y pedí un copali. El barman no conocía aquella bebida y me conformé con una coca cola. Bebiéndola estaba cuando se me acercó un joven que, inmediatamente, sin saber por qué, me simpatizó.

—Hola —me dijo y me tendió la mano—, soy Crisantemo, pero todos me dicen Cris. ¿Cómo te va? Te ves muy serio y triste. ¿Te diviertes?

—Más o menos.

—Pero, ¿qué es eso, *man*? Solo tomas coca. ¿Estas *crazy*?

—Eso dicen.

—Aquí se viene a disfrutar lo bueno de la vida —dijo y me puso en la mano una copa de una bebida que inmediatamente identifiqué por su color, vodka, el hermoso vodka del viejo Moscú, al cual me aficioné más de la cuenta, muchos años atrás, gracias a mi esposa rusa, y que dejé de beber también muchos años atrás.

Cris tenía en su mano otra copa que alzó.

—Por ti, por tu felicidad —dijo, pero yo no alcé mi copa. No estaba seguro que fuera una buena idea beber vodka o cualquier otro alcohol, que tantos problemas me había traído, entre ellos la depresión. Tampoco estaba seguro si había sido una buena idea ir a aquel antro.

Cris vio la intranquilidad en mi rostro.

—¿Qué pasa contigo, *brother*? —exclamó risueño— ¿No quieres alegrarte? Vive la vida, man, aunque sea una noche. ¿Quería yo la alegría? La buscaba para otros ¿Y para mí?

—Cómo no —dije y alcé la copa.

—Así se hace, así —gritó Cris con alegría.

Vaciamos las copas, las volvimos a llenar y las volvimos a llenar y vaciar dos veces más, con el maravilloso vodka.

Comencé a sentirme bien, bien, muy bien.

"Como diría Remi, al diablo con la depresión, al diablo con Fuente Charco, al diablo con mi soledad", me dije.

Allí estaban todos, brincando en la pista, allí estaba Cris a quien había conocido diez minutos atrás y de quien no sabía si era un bandido o no, un buen joven o no, pero que me pareció muy amistoso y espontaneo, como hacía tiempo que no conocía a nadie así. Y allí estaba yo, alegre, felicísimo

Una hermosa joven, rubia, se acercó a Cris y le mordió la boca. Él le devolvió el beso y estuvieron besándose con furia casi diez minutos. Cuando ya casi se ahogaban, ella se separó y me besó en la mejilla.

—Hola, soy Jaqueline, pero todos me dicen Jaq —dijo y me tendió la mano.

Se la estreché. Era suave, tibia y me provocó un gran placer el contacto con ella.

—Él es mi amigo Trase y está loco —dijo Cris presentándome y acarició a Jaq.

—Veo que se aman, seguramente desde hace mucho tiempo —dije.

—Viejo, ¿de dónde sacaste eso?, decididamente estas *out of world* —Cris rió con fuerza.
—Claro que no —Jaq se movió de un lado a otro—, nos conocimos hace media hora.
—Ya veo, ya veo —dije un poco confundido.
Por lo visto, las cosas están cambiando aprisa en el mundo, pensé.
Tomados de la mano, llegó una pareja que se nos unió. Ella era alta y pelirroja. Llevaba una falda muy corta y en su muslo derecho tenía tatuados un corazón y la frase "Siempre te amaré". Él era, moreno, pequeño, musculoso. Vestía un calzón a media pierna y un chaleco morado. Su cabello estaba rapado en las sienes y en lo alto de la cabeza se elevaba, igual que la cresta de un gallo. En su mejilla izquierda estaban tatuados un cuchillo y la palabra "Hombre"; en la mejilla derecha se veían grabados un martillo y la palabra "Duro".
En las muñecas y en los codos mostraba grandes brazaletes negros metálicos que brillaban bajo la luz de los reflectores.
De las orejas, la nariz y el labio inferior de ella y de él colgaban aros dorados. En el cuello de cada uno había un grueso aro metálico, a manera de gorguera, con lo cual sus cabezas se alzaban con arrogancia.
—Ellos son Lu y Li —nos presentó Cris.
—Hola —dijeron Lu y Li y entrechocaron las palmas de sus manos con todos nosotros. Enseguida pidieron tequila y mientras les servían se dedicaron a besarse con furia y a acariciarse.
—Ellos sí se aman de verdad —dijo Jaq y suspiró.
—Amor a primera vista —me explicó Cris—, hace una semana que se conocieron y ya ves cuánto se adoran. ¿No es así, Li?
Sin dejar de besar, Li hizo un gesto con la mano, asintiendo.
La música se hizo más intensa.
—Vamos a bailar —Cris nos tomó de la mano a mí y a Jaq. También Li y Lu fueron a la pista.

Un segundo después estábamos en el centro de la pista. Los reflectores giraban enloquecidos y sus luces de diferentes colores caían sobre los cientos de personas que se movían, bailando, en medio de un griterío ensordecedor, sólo superado por el estruendo de la música.

Pronto Cris y Jaq se esfumaron en el tumulto y me vi moviéndome delante de una hermosísima mulata que pronto desapareció y su lugar lo ocupó una rubia de larga cabellera que dio paso a una negra majestuosa y está a un joven fornido que en la frente tenía tatuado un pene.

Cansado de tanto baile me fui a la barra y pedí una coca pero me sirvieron el vodka que bebí con agrado. En un rincón Cris besaba con furia a la rubia de larga cabellera y Jaq al joven de la frente tatuada. Más allá, Remi y la negra majestuosa se mordisqueaban. Ah, todos estaban muy alegres y contentos. Sólo yo me sentí triste, de repente, sin saber por qué.

De golpe cesó la música y en el escenario aparecieron varios hombres de largas melenas que les llegaban hasta los tobillos. Con los pechos desnudos, vestían calzoncillos verde esmeralda y calzaban botas de cuero hasta las rodillas. Sobre los calzones y botas llevaban capas, no cerradas, rojo fuego, del mismo largo que las melenas.

Un grito se escuchó en la multitud que se agitó enfebrecida.

"Los broncos, los broncoestasios".

Varias jovencitas corrieron hacia el escenario y se arrojaron a sus pies.

Tres broncos hicieron vibrar sus guitarras eléctricas mientras corrían y brincaban por el escenario.

Un sonido duro, estridente, llenó todo el local. El baterista alzó el brazo derecho en el cual tenía un martillo y golpeó el plato de la batería; después, levantando la pierna izquierda, pateó con su bota de cuero el bombo y su frente fue a dar contra la caja. Luego con la baqueta fustigó el plato, una, dos, veinte veces. A la batería se unieron las guitarras eléctricas que, furiosas, resonaron. De la oscuridad, surgió un hombre vestido como Superman que, acercándose al borde del escenario, cantó: "Oh, tú, ki, ki, cokii, sí, cokii, baby" y cada vez que pronunciaba la palabra " okii" la batería restallaba y las guitarras aullaban en toda su potencia, Si antes hubo agitación, ahora fue la locura. El público dejó de bailar en parejas y grupos y, poniéndose frente al escenario, empezó a brincar mientras agitaba los brazos en alto y repetía "sí, cokii, cokii".

Saltaban Cris y Jack, saltaba Lu en cuyos hombros había trepado Li, saltaban Remi y la negra majestuosa, saltaban la rubia esplendorosa y la mulata hermosa y el joven tatuado en la frente, saltaban todos, saltaba yo.

Así estuvimos mucho tiempo hasta que uno de los músicos tomó su guitarra, la alzó y la estrelló contra el piso. Se partió la guitarra en dos partes que él tomó y tiró con violencia hacia el público.

—Así, así, sí, cokii, cokii —gritó la muchedumbre y se abalanzó hacia el escenario al cual subieron, atropellándose, decenas de personas. En ese momento, el baterista, agarrando un hacha, desbarató la batería y comenzó a lanzar sus pedazos hacia el público.

—Oh, oh, sí, sí, cokii, cokii —rugieron sus fans y, echándose sobre él, lo inmovilizaron. A Supermán lo sujetaban, por brazos y piernas, varias mujeres que lo besaban, lo mordían, lo lamían. Al ver aquello, los guitarristas huyeron hacia los camerinos perseguidos por una turba que se apoderó de uno de ellos, lo cargó en hombros, con él en alto corrieron por el escenario y después lo arrojaron sobre el público de la platea. Allí cayó en brazos de la multitud que, corriendo, lo llevó por el patio de butacas, dando vueltas y gritando "sí, cokii, cokii".

Sentí que mi corazón estallaba. Aquello era superior a todo lo imaginable. No pude más y me dirigí hacia la puerta. Allí me encontré con Remi.

—¿Tenía o no tenía razón? —gritó— Esto es único, maravilloso, un huracán que te da energía y te provoca el deseo de vivir.

171

En estos lugares es donde hay verdadera alegría y placer, no en tu muerta mansión, encerrado entre libros

No le respondí. Tomé un taxi y regresé a mi casa, medio borracho. Me acosté, pero no pude conciliar el sueño. La incertidumbre, la duda, la inseguridad estaban en mí, volaban por mi mente, rugían, dominaban mis pensamientos.

¿Me había equivocado en mi apreciación de la felicidad? ¿Qué era esta en realidad? ¿Para mí significaba los mismo que para otros? ¿Tendría razón Remi? Lo que vi en el antro lo consideraba una verdadera estupidez, un disparate, un absurdo, pero, para los que allí estaban, era alegría, satisfacción. Todos descargaban sus tensiones, sus frustraciones y eso era saludable. ¿Quién tenía razón? ¿Yo? ¿Los otros?

De tanto pensar, la cabeza comenzó a dolerme. Sentí que enloquecía, lo cual era imposible porque ya estaba loco.

¿Con quién compartir mis dudas? Con nadie. Fuente Fontana se reiría de mí y me aconsejaría que no volviera a tales lugares, que no eran los indicados para un hombre como yo.

Por fin, a las cinco de la mañana, el cansancio me venció y me hundí en un intranquilo sueño en el cual me vi cargado en hombros por una bulliciosa muchedumbre que, bailando, cantando, me condujo, primero a través de un prado verde y después por la Quinta Avenida, totalmente desierta, hasta el mar. La muchedumbre se detuvo y seis hombres que me cargaban se adentraron en el agua hasta que les llegó al cuello. Me depositaron en ella y comencé a flotar. Y flotando, boca arriba, avancé suavemente, acariciado por las olas, el cielo azul sobre mí. Unos pájaros cruzaron y se perdieron a lo lejos mientras la corriente me empujaba cada vez más lejos, más lejos. Me sentí bien, muy bien y me dije que aquello era la felicidad. Entonces comencé a hundirme lentamente y a ahogarme.

Desperté con la sensación de que me asfixiaba y respiré profundamente. Nuevamente, el tabique de mi nariz desviado me había provocado la desagradable sensación de ahogo. El aire vivificador penetró en mis pulmones, reanimándolos.

Aprisa me levanté y fui a mi escritorio. Tenía que contarle aquel sueño a Fuente Fontana del que, seguramente, sacaría importantes conclusiones sobre mi salud mental, pero también debía concluir mi nuevo Proyecto.

Ya todo estaba claro. La dicha no era sólo como yo la entendía, sino también, como la comprendían otros. Por eso el gobierno debía construir cientos de antros, gratuitos por supuesto. Sería de obligatorio cumplimiento visitarlos una vez por semana, al menos. Se admitirían personas desde los 15 años hasta la vejez más profunda.

En ellos se gritará, brincará, pateará, golpeará, con furia, sin inhibiciones y restriccios. Así liberaremos tensiones, acabaremos con el estrés, las frustraciones y represiones y tendremos mucha alegría. Cabrá la posibilidad de morir de un infarto o de enloquecer durante una de esas visitas, pero qué manera tan efectiva que morir por un sorprendente y rápido infarto; qué vía tan expedita de entrar en la dicha que la locura.

Tomé el teléfono y marqué el número de Remi. Le pediría que me invitara al antro.

Me imagino que delante de uno de ellos me levantarán una estatua.

Animales salvajes

Veo en la tele que, a causa de una violenta tormenta, muchos animales salvajes en cautiverio escaparon del zoológico de Tiflis, la capital de Georgia. Conozco muy bien Tiflis. Allí estuve varias veces. En mi primer viaje viví en el centro mismo de la ciudad, en la hermosa avenida Rustaveli. Aquel fue un simple viaje turístico, dedicado al placer de pasear por nuevos lugares y tratar mujeres hermosas, como las georgianas. Ah, las georgianas. Mi esposa rusa se celaba de ellas. No todo fue turismo. También conocí la extraordinaria obra *El caballero en la piel de tigre*, de Shota Rustaveli, el poeta cuyo nombre lleva la avenida.

Tiempo después regresé, pero me alojé en Narikala, la zona medieval, de callejas estrechas, como alfileres, y ojos acechantes que me observaban tras las cortinillas de las ventanas. Me vigilaban porque ya no era un simple turista, sino alguien envuelto en una conspiración internacional para devolverle a Georgia su libertad, arrebatada por la Unión Soviética hacia 1921. Sí, ya lo puedo revelar, yo era agente especial de la Agencia Interespacial, la más secreta organización de su tipo, en todo el universo. Creo que esta es la primera referencia pública a ella, lo cual me pudiera traer graves consecuencias.

No solo me vigilaban. También intentaron asesinarme, una noche brumosa, al salir del café El león oriental. Dos disparos que no dieron en su blanco me hizo un asesino contratado que no pudo disparar de nuevo porque yo, rápido y violento le incrusté en la frente una bala blindada de 9 milímetros. Pero mi misión había sido descubierta, mi vida corría grave peligro y debí huir.

Escapé, pero regresé años después y participé, el 8 de abril de 1989, en la grandiosa manifestación de los georgianos en demanda de su independencia total. Las tropas soviéticas los cercaron y acorralaron. Veinte manifestantes fueron muertos y cientos heridos, entre ellos, yo que recibí en el brazo izquierdo el corte de una bayoneta empuñada por un soldado jovencito e imberbe que no sabía bien lo que hacía y en cuyo rostro estaban el odio y el miedo. Aún conservo con orgullo la cicatriz de aquel corte, recuerdo de un acontecimiento memorable que apresuró la independencia de los georgianos.

Esas historias de mis actividades secretas se las conté a Fuente Fontana una tarde de bochorno calor durante una de nuestras habituales sesiones de terapia.

El buen doctor me observó con su cariño habitual y suspiró.

—Bien, así que usted afirma que fue agente de una agencia secreta internacional y realizó misiones en Tiflis.

—Así es, pero no sólo realicé misiones en Tiflis, también en Tumbuctú, Burundi, Kuala Lumpur y muchos otros lugares del mundo —dije y apreté los labios.

—Bien, bien, pero, por lo que veo, usted ha tenido una vida peligrosa.

—Así es.

—Pero por lo que usted mismo me ha dicho antes, por lo que consta en su expediente y lo que yo he podido averiguar, usted nunca estuvo en Georgia.

No supe si echarme a reír de la estúpida observación del buen doctor o quedarme callado mirando el techo. Eso último fue lo que hice. ¿Cómo iban a quedar rastros de un agente secreto?

—Sabe, Trase usted mismo debe comprender que todas esas historias son alucinaciones suyas, creadas por su propia enfermedad —Fuente era profesoral y soporífero—. Sólo cuando comprenda que su mente imagina y oye cosas usted se curará.

176

Estuve a punto de saltar sobre él y propinarle uno de aquellos golpes mortales que tanta veces empleé contra mis enemigos, pero me contuve y, totalmente inmóvil, continué con la mirada fija en el techo. Naturalmente, la conversación con aquel tonto doctor no conduciría a ninguna parte. Él jamás me comprendería ni me creería.

Sí, el jamás me entendería... Él...

Bueno, ¿qué les iba a decir?

Sí, sí, me estoy disgregando y me aparto de mi información original, la noticia de la fuga de los animales en el zoo de Tiflis el cual yo conocía muy bien pues en él había estado muchas veces para establecer contacto con mis agentes.

Como zoo es igual a cualquier otro del mundo. Todos con animales tristes, malhumorados y pasados de peso por la falta de ejercicio, en jaulas estrechas y mal ventiladas. A veces, en los más modernos, las jaulas se han convertido en praderas supuestamente abiertas, en las que los animales corren un poco hasta chocar con un muro o una valla. En pocas palabras, están presos y tan faltos de libertad como los hombres recluidos en las cárceles de alta seguridad.

A los zoos vamos con la familia, sobre todo con los niños, y nos divertimos, compramos dulces, golosinas, que luego les echamos a las bestias que nos miran con furia.

Recuerdo una de esas miradas, la de una pantera persa. Unos chicos acababan de pararse frente a su jaula y comenzaron a gritarle y a burlarse de su silencio e inmovilidad. Ella no se molestó en responderles y los observó con indiferencia. Se marcharon los chicos que fueron a gritarle a unos monos y yo me paré frente a la jaula. En los alrededores no había nadie. Éramos sólo yo y la pantera que se acercó a los barrotes y clavó sus ojos en mí. Eran grandes y hermosos, de color rojizo. Me sentí fascinado y le sostuve la mirada. Así estuvimos, inmóviles, mirándonos mucho tiempo. En sus ojos había odio, pero también súplica.

Aquella era una gran pantera de las nieves y no un infeliz ajolote, como el de famoso cuento de Julio Cortazar, y enseguida comprendí que me pedía que la sacara del horrible cautiverio al que unos miserables individuos la habían enviado para placer y esparcimiento de tontos niños y tontos adultos que no tenían inconveniente en disfrutar del encierro y sufrimiento eternos de un pobre animal.

"No he cometido ningún crimen y sin embargo me mantienen aprisionada", escuché su voz en mi interior que era también mi voz y me vi enjaulado, no como pantera, sino como Antonio Trase. Quizá Fuente Fontana tenga razón y todo no sea más que alucinaciones a consecuencia de mi enfermedad.

—Apártese, señor, queremos ver bien a la fiera pantera —gritaron a mi espalda voces de niños conducidos por una bella maestra de escuela.

Les cedí mi lugar y me marché deprimido. La mirada y las palabras de la pantera estaban grabadas en mi mente y no me dejaron tranquilo en el resto del día. Aquella noche tuve un extraño sueño.

Mientras paseaba por un bosque, criaturas extraterrestres me capturaban. Me introducían en un saco transparente y me llevaban a su nave interplanetaria. Me rebelé, pero una de ellos me golpeó en la espalda con una especie de garrote eléctrico. Caí al suelo y me rociaron con un líquido semejante al agua. No lejos de mí pude ver a otros terrícolas también capturados

En cuestión de minutos llegábamos a su mundo. Allí me condujeron a un enorme edificio y, sin muchos miramientos a pesar de mis gritos y súplicas, me echaron en una celda de cristal transparente, sin puertas en la cual había un plato con comida. En celdas iguales estaban varios terrícolas. Todos éramos terrícolas, pero diferentes. Uno era un negro alto y corpulento, otro un asiático pequeño y débil; algunos barbados, otros lampiños. Se abrieron unas puertas invisibles y penetraron en el recinto decenas de criaturas de aquel mundo. Pequeñas, igual que ratones y sin un pelo en el cuerpo, si en algo se parecían a nosotros era que al pararse frente a nuestras celdas comenzaron a saltar y a gritar en su incomprensible idioma mientras nos lanzaban pequeñas bolitas semejantes al pan.

Desperté bañado en sudor, dando gritos, a los que acudió Esperanza que me tranquilizó. Volví a dormir, pero cuando me levanté temprano en la mañana ya tenía en mi mente todo pensado para bien y dicha de las especies del planeta.

Digo especies porque he comprendido que mis anteriores Proyectos sólo tuvieron en cuenta a los hombres, una de las miles de especies que pueblan este mundo. Ahora es necesario ocuparse de todos los seres, no solo humanos, que habitan la Tierra.

Mi nuevo Proyecto es muy sencillo. En una fecha determinada se abrirán todas las jaulas de los zoológicos del mundo que, de inmediato, serán clausurados. Sus edificaciones, readaptadas, servirán de albergue para los homeless, los sin casas, los harapientos, A ellos se dedicará el presupuesto destinado a las animales salvajes en cautiverio. Estos serán devueltos a sus lugares naturales o, si lo prefieren y tienen un amigo, podrán quedarse a vivir entre nosotros. Estoy seguro que la pantera persa aceptará gustosa mi vivienda. Entonces también los animales tendrán felicidad.

Con tal medida se acabará con la vanidad de las grandes ciudades que blasonan de poseer los zoos prisiones más grandes del mundo. Creo que con las cárceles para humanos ya tenemos suficiente.

Luego de concluir este Proyecto, leo, con tristeza, el e-mail que me envía mi amigo Jaba Okruashvili, desde Tiflis, que me cuenta, entre otras cosas, que los animales escapados del zoo fueron cazados a tiros en las calles de la ciudad. Todos resultaron muertos.

Es curioso, ninguno de los textos sagrados de las religiones monoteístas se interesa mucho por los animales, por sus vidas y destinos.

Paz

Últimamente, como la prensa nacional no podía ser peor, desinformadora y banal, me dediqué a explorar los periódicos internacionales. Cada mañana pasaban por mis manos diarios de muchos países. En uno de ellos encontré una noticia muy interesante.

"El multimillonario indio Bhanwarlai Doshi, cuya fortuna se calcula en unos 600 millones de dólares, renunció a todo su dinero y se hizo monje de la religión jainista."

Que alguien haya ingresado en una religión no es noticia. Cada minuto, miles y miles de personas se hacen seguidoras de una creencia religiosa y así será por los siglos de los siglos porque el Hombre está tan desamparado en este mundo que necesita creer en algo o alguien todopoderoso que lo ampare y proteja.

Pero que un multimillonario se desprenda de su inmensa fortuna para entrar en una religión como la jainista sí es un verdadero acontecimiento.

Toda religión es interesante, pero ésta mucho más. Sus monjes viven de manera ascética y muy pobre. Para ellos, cada ser que nos rodea, humano, animal, pez, insecto, posee un alma que, al término de su vida física puede renacer en la tierra en una forma diferente a la que tuvo en su existencia anterior. La nueva forma dependerá de su comportamiento en su otra vida.

¿Qué había llevado Doshi a dar un paso tan trascendente para su vida? Yo debía averiguarlo. Quizá su camino pudiera ser el buscado por mí para la felicidad humana.

Sin pensarlo dos veces separé un vuelo y poco después aterricé en Calcuta donde me recibió mi viejo amigo Radna Krishna Chakrarbarty que me llevó al hotel. Allí leí sobre la violación, en un ómnibus, de una chica de 18 años por parte de parte de cinco hombres, entre ellos el chófer del vehículo. Tal suceso me conmocionó. No era la primera vez que ocurría. Las violaciones de mujeres jóvenes se repetían y, por lo visto, no acabarían.

Cómo era posible, me dije, un acto tal de violencia, a plena luz, sin que nadie hubiese intentado impedirlo. Cómo era posible que los salvajes agresores no hubiesen sido ya castigados con la sanción que se merecían que, para mí, sólo era una, colgarlos de un poste público con un letrero en el cuello que dijera "así mueren los canallas".

No pude responderme esas preguntas ni comentarlas con Radna Krishna porque de inmediato partí hacia el monasterio donde se encontraba Doshi.

Me recibió un anciano monje que al saber mi deseo de verle me pidió que aguardara y desapareció en un estrecho pasadizo. Debo confesar que aunque en mi vida he conocido a cientos de personas aquel encuentro me intranquilizaba. ¿Contestaría mis preguntas? ¿Qué pensaría de mí?

No tuve que aguardar mucho. Una puerta se abrió y ante mí apareció un hombre agradable y amistoso. Vestía un sencillo hábito blanco y calzaba rústicas sandalias. De él se desprendía un hálito de paz, pureza y serenidad, que me envolvió y me tranquilizó. De inmediato sentí hacia él un fuerte sentimiento de simpatía.

Con paso rápido y firme se acercó a mí, tomó mis manos y las apretó con las suyas. Eran suaves y tibias.

—Hola. Te esperaba —me dijo en un perfecto inglés del West End londinense.

—¿Me esperaba? —pregunté sorprendido— ¿Cómo es eso?

—Sí, hace tiempo presentí que alguien vendría a interrogarme con el fin de perfeccionarse a sí mismo —había calidez en sus palabras.

Con un gesto me invitó a sentarnos sobre esteras en el piso.

—Y bien ¿qué quieres saber?

Dudé en mi primera pregunta.
—¿Era muy rico?
—Uno de los más ricos, quizás el primero.
—¿Y no le ha importado deshacerse de su fortuna?
La sonrisa apareció en su rostro.
—En lo absoluto. Déjame explicarte. Cuando poseía millones estaba preocupado, bien por mi deseo de incrementar mis riquezas, bien por el temor de perderlas.
—¿Y ahora?
—Al no tener nada, no me es necesario preocuparme de nada. Vivo en total paz y tranquilidad.
—¿Qué hizo con su dinero?
Sus brazos se alzaron.
—Lo repartí en obras de caridad, en fundaciones para los niños y los ancianos. Una parte importante la destiné a la protección de los lagartos dragones de la isla Komodo.

Recordé la isla Komodo en Indonesia y me imaginé a los gigantescos lagartos rodeados de miles de dólares. Aquel dinero pudo haber servido para fortalecer mi propuesta internacional de comida a los hambrientos.

—¿Por qué a los lagartos?
Doshi dejó de sonreír.
—Son una de las tantas especies en extinción, pero, además, los indígenas de Komodo los consideran reencarnaciones de sus antepasados.
—¿Cree en la reencarnación en animales, en insectos?
—Siempre. Nuestras vidas son parte de un gran todo y están interconectadas. Formamos un inmenso universo de almas que adoptan diferentes formas. Hoy puedo ser yo, mañana un lagarto dragón, después un lobo, luego un árbol, así hasta que, purificados, dejemos de reencarnar.
—Y si un lobo lo atacara que haría? ¿Se defendería y lo mataría?

Por un instante se puso tenso, pero enseguida recobró la serenidad.

—Jamás. En ese lobo pudiera estar el alma de mi padre. Si yo lo matara cortaría su ciclo evolutivo y dañaría mi propio ciclo al tener que pagar por ese crimen.

Calló y nos mantuvimos en silencio. Luego volvió a hablar.

—Esta es una de las razones por las que abandoné mis riquezas. Aunque mucho me esforcé para evitarlo, siendo millonario tuve que tomar decisiones que dañaron a otros —en sus palabras había tristeza —con lo cual mi evolución cósmica se ha retrasado al máximo, alejándome de la purificación y de mi *moksha*.

—¿*Moksha*?

—El instante en que alcanzamos la pureza total y dejamos de nacer y morir. Entonces el sufrimiento desaparece para siempre —Doshi cruzó sus manos sobre el pecho.

Yo también hubiese querido alcanzar aquella *moksha*, pero en mi vida había y habrían demasiadas acciones dañinas incontrolables. Pero, ¿qué se podía esperar de alguien como yo?, me dije y suspiré.

Sin reparar en mi suspiro, él continuó su explicación.

—Seguramente en mi próxima reencarnación seré un alga.

Recordé a mis amigas las hormigas.

—¿Y si un enjambre de miles de hormigas le cubrieran el cuerpo, qué haría? ¿Las apartaría a manotazos?

—Nunca. Con esa acción podría matar a cientos de ellas y eso es inconcebible. Le repito, ningún ser vivo puede ser eliminado. Todos deben completar su ciclo evolutivo cósmico hasta llegar a la purificación total, a la *moksha*.

Sentí deseo de abrazarle, pero me contuve.

Un gong sonó a lo lejos y en las cercanías otro le contestó.

Doshi se puso de pie.

—Lo siento, debo volver a a la meditación —dijo y él sí me abrazó con ternura.

Al abrazarme, una energía desconocida penetró en mi cuerpo.

Doshi se separó de mí y caminó hacia el pasadizo. Mientras lo veía alejarse, sentí una gran sensación de paz y tranquilidad. Pensé abandonarlo todo y pedirle que me permitiera unirme a los monjes jainistas, pero me dije que debía permanecer en mi ciclo evolutivo y proseguir con mis Proyectos para bien de la humanidad. Gracias a eso, en mi próxima vida reencarnaré en lo que quiero ser, una feliz hormiga.

Barrabás

Jesús continúa inquietándome. Aunque yo y los amigos que me acompañan por todo el mundo lo hemos buscado no hemos podido dar con él. Sus posibles huellas se pierden en oscuros senderos, en impenetrables bosques, cargados de inesperadas sorpresas, en engañosos laberintos de dobles espejos donde se reflejan falsos Mesías con mensajes para tontos.

El tiempo se agota y ha llegado la hora de que el Hijo se reúna con su Padre y le informe. Tal informe será desastroso para los seres humanos que no tienen mucho que alegar a su favor. Tras ellos hay una estela de sangre y dolor imposible de ocultar o borrar.

La única solución será, lo repito, convencer al Mesías de que pida un plazo más largo durante el cual quizá pudiéramos cambiar. Dudo de la posibilidad de tal cambio, pero debemos intentarlo. Por eso, prosigo buscando información sobre Jesús.

Un amigo me envió el libro *Revolution in Judea: Jesus and the Jewish Resistance*, en el cual, el gran historiador judío británico Hyam Maccoby estudioso de la vida de Jesús, investiga el papel de Barrabás en el juicio del Mesías. Barrabás, un personaje al parecer secundario en toda esta historia.

Le recuerdo a los cuerdos, incultos e ignaros, que lean estas maravillosas notas, que Barrabás, era un judío, preso, acusado de crímenes y revueltas por los cuales debía ser crucificado. En esa situación ocurrieron dos hechos importantísimos para su vida y la humanidad. El primero, que Jesús también estaba detenido y Poncio Pilatos debía pronunciar su veredicto sobre Él. El segundo, que tal veredicto coincidiera con la Pascua judía, en la cual, según la tradición, se le concedía la vida a un prisionero, sólo a uno, a Barrabás o a Jesús.

Pilatos tuvo que decidir.

Para desgracia de Jesús y dicha de Barrabás, el populacho judío, instigado por sus sacerdotes, al preguntar Pilatos a quién deseaba liberar escogió a Barrabás y sentenció al pobre Jesús. La chusma, vociferante y bestial, hizo condenar al Mesías y, de paso, condenó eternamente a todos los judíos, nacidos y por nacer (sabios, panaderos, grandes músicos, usureros, científicos, joyeros, premios Nobel) a cargar con la muerte de Cristo.

Hasta ahí todo resultaba claro. Pilatos duda, quiere ayudar a Jesús (de hecho lo ayuda, como ya escribí), pero forzado por los intereses de Estado, acepta el pedido de los judíos, libera a Barrabás y condena a Jesús.

Y este libro de Hyam Maccoby me hizo dudar, con su sorprendente afirmación, y aquí pongan atención Fuente Fontana y otros ignorantes, de que Jesús y Barrabás fueron la misma persona.

Según Maccoby, los judíos no pidieron crucificar a Jesús. Todo lo contrario. Si Jesús y Barrabás eran la misma persona ellos reclamaron la liberación del Mesías. Por eso el juicio de Jesús no fue como se nos ha contado. Los judíos son inocentes. No enviaron a Cristo a la muerte.

Asombrosa afirmación, contradictoria y difícil de aceptar, que me confirmó en mi opinión de que los estudios históricos no sirven para mucho. Pensando en Maccoby, en Jesús y Barrabás, me desvelé y perdí el sueño. Sentí que me hallaba frente a una nueva crisis mental.

¿Existió o no existió un hombre llamado Barrabas? Comencé a creer que lo veía en todas partes. ¿Alucinaba?

Una noche, sobre las dos de la madrugada, pude quedarme dormido. No por mucho tiempo. Me desperté en la oscuridad total, bañado en sudor, agitado, con la sensación de que alguien se hallaba en la habitación junto a mí. ¿Ladrones? Quise abrir los ojos. No pude. Fui a gritar, llamar a Esperanza. Las palabras no salieron de mi boca por mucho que lo intenté. Algo o alguien me sujetaba y la mantenía cerrada. ¿Una pesadilla? Sí, seguramente me encontraba en medio de una terrible pesadilla, pero no lograba salir de ella.

Habría querido que Esperanza estuviera a mi lado para consolarme, que Fuente Fontana hubiese llegado para decirme que todo no era más que un episodio de mi locura que pasaría en breve. Pero ninguno de ellos se hallaba allí. Yo estaba sólo frente a aquella presencia absurda.

De súbito, lo oí. Pensé que tendría otra revelación, otra iluminación, pero anteriormente lo que había llegado a mi mente eran ideas, no palabras y ahora alguien me hablaba con una voz seca, enronquecida, que jamás había escuchado, semejante a la de un anciano.

—No temas. Vengo a explicarte lo sucedido aquel día maldito —dijo ese alguien en mi cerebro.

—¿Barrabás? —sin saber por qué a la cabeza me llegó el nombre que me venía obsesionado

—Sí, soy Bar Abba.

Tuve miedo, mucho miedo de que Barrabás y Jesús fueran una misma persona y yo estuviera hablando con el Hijo de Dios. Pero la curiosidad fue más fuerte y me sobrepuse.

—¿Tú y Jesús son la misma persona? —pregunté en un murmullo.

—Tonterías. Esa es una versión incorrecta de la historia que lo enreda todo —las palabras me llegaron con fuerza.

Intenté ver a quien me hablaba pero la oscuridad era impenetrable.

—¿Y? —dije, menos intranquilo.

—Jesús fue Jesús y yo Bar Abbas, un rebelde que se enfrentó a Roma. Cuando me detuvieron iba a encabezar un levantamiento armado contra los sucios perros romanos.

—Así que todo fue según se relata en la Biblia.

—En cierta medida sí, pero hay mucho que no se sabe.

Al volver a hacer un esfuerzo para ver en la oscuridad me pareció distinguir un destello de luz en un rincón de la habitación.

—¿Cómo qué?
Silencio. Nadie me respondió.
—¿Cómo qué? —repetí.
Algo, como una descarga eléctrica, me recorrió el cuerpo, desde los pies hasta los labios. En mi cerebro entraron extraños sonidos, semejantes a hierros que se raspaban.
—Ras, ras, ras —escuché.
El destello de luz se movió hacia al otro extremo de la habitación. Otra vez sentí miedo.
Los ruidos cesaron.
—Lo que nadie sabe —la voz era apagada— y ahora sólo tú conocerás, es que la muchedumbre que se congregó frente a Pilatos estaba compuesta, en su gran mayoría, por seguidores míos, partidarios de la rebelión. Yo les ordené que exigieran mi liberación y pidieran que crucificaran a Jesús.
—¿Pero Caifás, el gran sacerdote…?
—Un viejo tonto, engreído y soberbio que odiaba y recelaba de Jesús porque creía que podía desplazarlo de su cargo de gran sacerdote. También me odiaba a mí, pero más a Jesús. Allí, frente a Pilatos, sólo estaba acompañado por tres o cuatro guardianes del templo.
Oh, Dios, qué revelación y era yo quien la recibía. ¿Qué diría Fuente Fontana cuándo supiera todo aquello? Me estremecí.
—¿Así que el pueblo judío en su conjunto…?
—No tuvo nada que ver con la condena y crucifixión de Jesús —exclamó Barrabás—. Repito, los que gritaron contra Jesús eran hombres míos, mandados por mí. Allí, el único, además de Caifás, que rechazaba a Jesús era yo. El resto de los judíos presentes era una masa de fanáticos rebeldes que cumplieron lo que yo les ordené.
El destello de luz se hizo más intenso y tuve otro estremecimiento.
—Y yo lo rechazaba porque con su mensaje de amor entre todos los hombres era muy peligroso para mis planes de liberación

de los judíos. Amor de los judíos a los perros romanos, absurdo, imposible...

La voz se quebró y volvió el sonido de hierros contra hierros.

—¿Qué sucedió después? —pregunté con dificultad.

Barrabás me lo contó. Luego de su libertad, regresó a sus actividades secretas. No por mucho tiempo. La conspiración, delatada por uno de sus miembros más importantes, fue descubierta. Los romanos no lo reconocieron públicamente, por razones de seguridad, pero asesinaron a casi todos los conspiradores. Los no detenidos debieron dispersarse y huir al extranjero, entre ellos Barrabás, que vivió lo suficiente para participar en un nuevo levantamiento armado que concluyó con la muerte de los rebeldes o su esclavización, la destrucción del Templo y la expulsión de los judíos de Jerusalén.

Barrabás se interrumpió. Oí un suspiro y una tos seca, de alguien que se ahoga. Cuando prosiguió, su relato era apenas un murmullo.

—Todos, todos, fuimos expulsados de nuestras tierras y durante dos mil años hemos tenido que vagar sin un hogar, permanentemente perseguidos. A mí también me hirieron y si logré sobrevivir y escapar fue gracias a unos cristianos que, poniendo sus vidas en juego, me recogieron y me ocultaron.

Con ellos marché a Roma y desde ese momento las dudas me han atormentado. ¿Hice bien en hacer crucificar a Jesús para salvarme yo? No fue por miedo al dolor ni a morir, sino porque aquello me dio la posibilidad de proseguir mi lucha para liberar a los judíos. ¿Pero quién tenía la razón, yo o el Mesías?

Barrabás calló y sentí que la duda también penetraba en mí.

—Yo soy el responsable de que a los judíos se les haya culpado por la muerte de Jesús —la voz se alejó—, yo, y sólo yo, soy el culpable de la muerte de Jesús.

El destello de luz comenzó a desvanecerse.

—Esa culpa la llevo y la llevaré eternamente sobre mí. No importa que, al final de mi vida, me uniera a mis amigos cristianos y con ellos muriera crucificado en el año 4 del reinado del emperador Vespaciano. Nunca me libraré de esta terrible carga...

La voz se cortó brevemente, pero regresó con un poco de más intensidad.

—Aunque sabes, Trase, mi único consuelo es pensar que si yo no le hubiera ordenado a mis hombres pedir mi liberación, Pilatos me habría crucificado y liberado a Jesús. Más tarde, él hubiera muerto de cualquier cosa, pero nunca en la cruz, con lo que su misión de redimir al hombre con su muerte dolorosa no hubiese sido posible.

—¿Eso quiere decir? —me atreví a preguntar atemorizado.

—Que yo, Bar Abbas, un judío rebelde, hice posible la misión de Cristo y el surgimiento del cristianismo.

Ante afirmación tan desmesurada no supe qué pensar. Probablemente, Barrabás estaba loco, loco de verdad.

—Pero hasta que no se sepa la verdad de lo ocurrido no descansaré —me pareció que Barrabás se acercaba a mí—. Trase, tú debes revelarles a todos mi verdad...Trase ayúdame...

Por un instante, la luz brilló con fuerza y después se apagó.

La oscuridad me enegueció y caí en un profundo sueño. Me vi desnudo sobre la cima de una pequeña ladera. Cuatro hombres robustos me sujetaban violentamente y me llevaban hacia una cruz de madera en la que me amarraron piernas y brazos. Uno de ellos, armado con un martillo, tomó un grueso clavo y fue a clavármelo en la muñeca izquierda.

Grité, grité y a mis gritos acudió mi fiel ama de llaves que tuvo que sacudirme con fuerza para que despertara.

Hoy no he podido descansar un segundo obsesionado por el recuerdo de mi sueño. ¿Sueño o pesadilla? ¿Qué habrá de verdad en lo que me contó Barrabás? Absolutamente nada, me dije y bebí mi jugo de cocacola papaya y limón.

La visita nocturna de Fuente Fontana

A las nueve de la noche mi amigo Fuente llegó a mi casa. Se veía muy preocupado.
—¿Qué sucede? —pregunté.
—Otra locura de Trase.
—Ya leí lo que escribió sobre Barrabás. Un absoluto disparate. ¿Qué pensará el Papa Francisco si sabe de una cosa así? Lo excomulgará —quise hacer un chiste, pero Fuente no sonrió.
—No es eso. Acabo de recibir este e-mail de Trase —respondió y me dio unas hojas impresas.

Las leí con calma.

—Despreocúpate —le dije—, nada de lo que dice puede ser real. No he sabido de que hayan aparecido muertos con la tarjeta que, según Trase, deja luego de cada asesinato

Fuente estuvo de acuerdo conmigo.

—Cierto —dijo, ya calmado—, como ya te he explicado, los esquizofrénicos, además de sufrir alucinaciones auditivas y visuales, creen que hacen cosas que, en realidad, nunca hicieron.

Conversamos un rato más y nos despedimos.

A solas, pensé que también debía dar a conocer este otro raro escrito, llamémosle así, para que los lectores puedan conocer mejor la personalidad y las locuras de Trase. Se titula:

Asesinatos 3

En los últimos tiempos el furor me domina y me dan deseos de acabar con todo. Mi cólera se exacerba cuando pienso en el maltrato, una de nuestras grandes plagas, al que nos vemos sometido permanentemente.

En la antigüedad los maltratadores eran unos pocos y se hallaban muy bien delimitados. Entre ellos estaban los reyes, los grandes señores, y toda su corte de zánganos, los jerarcas de la Iglesia, los guerreros. En el presente no. Cualquiera, no importa su rango social, puede ser un abusador de sus semejantes sin recibir ningún castigo y quedar impune. Por el bien de todos no se debe permitir tal situación.

Para eso, si todas las medidas propuestas por mí para lograr la felicidad fueran insuficientes queda otra mucho más radical y rápida: la ejecución de los miserables maltratadores. La prueba de su efectividad está dada por mi propia experiencia personal que contaré de inmediato. Digo experiencia, pero, en realidad, fueron varias mis experiencias. Los lectores decidirán.

A continuación transcribo unas pequeñas anotaciones que hice pocos días atrás.

A los que me lean, les prevengo que no es para espíritus débiles.

"El pasado mes maté a P. Con mi acción compensé parte del mal que recibimos, día a día, hora a hora, minuto a minuto, de otros. ¿Quién era P? No lo sé exactamente. Solo sé que fue alguien que me maltrató. ¿Dónde y cómo? No importa dónde. El cómo sí.

"Yo estaba en aquella vieja tienda para comprar algo muy importante para mí. P era el dependiente encargado de atender al público y debía ser amable y diligente. Hablaba por el celular cuando me acerqué a él y le pregunté. No me respondió e indiferente continuó parloteando. Mi segunda llamada solo recibió una mirada de desprecio de su parte. A la tercera, cuando ya casi había terminado su intrascendente cháchara, me respondió con arrogancia y desprecio que no tenía el artículo pedido por mí ni conocía ningún lugar donde se pudiera encontrar. Dijo todo aquello con una sonrisa burlona y volvió a su intrascendente palique.

"Lo hizo porque pensó que yo era un pobre hombre, un infeliz cualquiera de los tantos que van por ahí, incapaz de dar debida respuesta a su comportamiento. Ni siquiera podría ir a ver a su superior para quejarme porque su jefe no me recibiría o también me maltrataría. Así es este mundo de insensibles abusadores.

"Se equivocaba P. Yo sí daría cumplida respuesta a su conducta y se la di. De momento, me callé y me marché en silencio, con los hombros inclinados, como uno de los muchos que él a diario maltrataba impunemente. En realidad, rumiaba mi plan y mi venganza.

"Digo venganza y no es correcta la palabra. Lo que hice no fue por venganza, fue por justicia. Justicia solitaria por los miles de indefensos humillados que no tienen quienes los defiendan de personas prepotentes como P.

"Una semana más tarde, al anochecer, cuando salió de su trabajo, lo aguardé en una solitaria calle.

"En esa semana yo había averiguado que P maltrataba a todos los que se dirigían a él, muy en especial a aquellos que no podían enfrentársele, como las ancianas.

"—Buenas noches, ¿no se acuerda de mí?—, le dije y sonreí.

"— No tengo idea —respondió con mucha vanidad. Todo en él irradiaba soberbia. Era alto, fornido, hasta bien parecido, y qué podía pensar de mí, un hombre débil.

"—No me moleste, llevo mucha prisa —añadió y aquellas fueron sus últimas palabras en este mundo porque sin apresurarme saqué mi pistola y le di un tiro en la frente. No hay que decir que se desplomó y dejó de ser un hombre alto, fornido, bien parecido y prepotente para transformarse en un feo muñeco. Quizá en el otro mundo (si es que existe) habrá dicho, "pero ¿por qué?"

Yo sí conocía bien el porque. No era posible seguir permitiendo la presencia de tantos y tantos abusadores en esta nuestra amarga existencia.

Guardé mi pistola, adquirida de trasmano, y sobre el cuerpo de P puse una pequeña nota en la cual, cuidándome de no dejar mis huellas, había escrito "Otro maltratador menos".

En el pálido rostro de P ya no había arrogancia; estaba el asombro. Me sentí en paz conmigo mismo y con calma seguí mi camino. En media hora, en una hora, al otro día, encontrarían el cadáver y lo identificarían. A quien nunca identificarían sería a mí. ¿Qué relación podían establecer conmigo y el empleado de una tienda a quien solo había visto una vez y del cual no sabía el nombre?

P no fue mi único ajusticiamiento. El primero fue el de una mujer, secretaria de un hospital, al cual acudí por la noche en busca de ayuda para el intenso dolor que sufrían mis huesos. Ya tenía noticias de sus abusos hacia el público y lo pude comprobar personalmente.

Comía ella un grasiento pastel y entre bocado y bocado, su grasienta boca gruñó con más indiferencia que su indiferente mirada: —¿Qué quieres?

Ah, el tuteo, el maldito e irrespetuoso tuteo, extendido como una plaga, por toda la ciudad.

—Mis huesos —murmuré— ,¡no me dejan vivir!

—Ese es un caso de especialidad y esta noche sólo atendemos asuntos de urgencias. Tienes que ir con un especialista"

Mis huesos gritaron desde lo profundo de mi cuerpo, pero yo hablé quedamente.

—¿Y cuándo estará el especialista?

Ella mordisqueó otro trozo de pastel y se miró las uñas, pintadas de verde.

—No lo sé. Tendrás que volver mañana para averiguarlo.

—¿Y usted no lo sabe? —dije lentamente.

—No, no lo sé —su tono era de rabia— ,pero lo más probable es que tengas que ir a otro hospital. Oí decir que el especialista de aquí murió. Así que no me molestes más y déjame comer.

En sus ojillos había malignidad. Quizás odiase al especialista muerto, quizá se gozase de que yo no tuviera atención.

No respondí y me retiré. Toda esa noche, mientras mis huesos me golpeaban, estuve meditando en qué hacer. Actitudes como la de la grasienta secretaría hacía muchos años que las venía sufriendo y yo terminaba derrotado, todos terminábamos derrotados, humillados, en aquellos encuentros. No lo permitiría más, algo debía hacer, por mí y por los que eran tratados como yo. Al amanecer, me quedé dormido profundamente. Mi decisión estaba tomada.

Mis huesos también se tranquilizaron, jubilosos por lo que iba a suceder.

La siguiente noche, aguardé, en un costado del hospital, a que la secretaria concluyera su turno nocturno y saliera. Nuevamente comía un pastel y su gordo cuerpo se movía satisfecho, semejante al de un cerdo. ¿A cuántos habría atropellado ese día? No tuve tiempo o no quise preguntárselo cuando le salí al paso, desde las sombras de una esquina.

—Hola —le dije con amabilidad— ¿sabes quién soy?

—No —respondió con sequedad y un trozo de pastel entró en su boca.

—¿Recuerdas que me dijiste que no sabías cuándo estaría el especialista?

—Hum —fue todo lo que pudo responder antes de que mi filoso cuchillo se le clavara en el corazón y se desplomara con los brazos abiertos, seguramente atragantada con el pastel.

—Yo sí te pudiera decir a que especialista puedes acudir ahora tú, pero me parece que no te servirá de mucho— le dije, pero no creo que me oyera.

Ya me retiraba cuando pensé que aquello no debía quedar simplemente así, como si fuera un crimen más. Debía dejar constancia de que era un acto de justicia. Extraje de mi cartera un pedazo de papel, con el pañuelo borré posibles huellas, y en él escribí con letra de molde: "Así acabarán todos los maltratadores".

Por suerte, nadie me maltrató durante meses y la policía debió haber pensado que el caso de la secretaria era uno más sin solución. Justamente a los dos meses en que vi a la grasienta comelona de pasteles, cometí mi segundo ajusticiamiento en P, el empleado de la tienda.

A estas alturas de mi historia debo reiterar que no soy un malvado asesino o un loco de atar. Nada de eso. Sólo soy un hombre que durante decenas de años ha conocido del abuso cometidos por otros sobre la población, abusos que quedaron impunes y hubiesen seguido quedando impunes si yo no hubiera tomado la decisión de castigarlos, como es debido.

Antes de seguir la lectura, recuerden que soy escritor, un escritor de un sólo libro impreso y que nunca he publicado fuera del país, entre otras cosas porque el editor extranjero a quien envié mi excelente manuscrito no contestó mis e-mails. Esas faltas de respuestas del engreído editor eran un humillante maltrato y pronto supe que no sólo a mí no me respondía; hacía lo mismo con cientos de otros escritores. Aquello no se debía permitir y merecía un justo castigo. Pero para ejercer mi justicia debía ir al país donde radicaba la editorial. Un país muy restrictivo, que exigía visa, incluso a una persona como yo que había viajado por medio mundo.

A la hora exacta me presenté en el correspondiente consulado
—¿Por qué quiere viajar a mi país? —me preguntó, sin mirarme, un hombre pequeñito de dientes de lobo y frente de rinoceronte.
—Para visitar a un amigo —mentí.
—¿Sólo para eso? —la voz me mordió.
—También quiero publicar un libro mío allá. Soy escritor
La frente de rinoceronte se contrajo y en los dientes de lobo apareció una mueca de desprecio.
—¡¿Escritor usted?! —exclamó burlón— Nunca lo he oído mencionar. ¿No estará falseando su declaración?
—Sólo tengo un libro publicado. Se titula *Asesinatos 2*
—¿Pero qué título es ese, señor mío? ¿En qué editorial lo publicó? —sus palabras me taladraron.
—En una pequeña y pagada por mí.
—¿Y cree usted que logrará publicar una cosa así en mi gran país? Usted debe estar loco —la burla se convirtió en pedante grosería.

Yo lo miré muy bien para no olvidar nunca aquel rostro y mi mirada debió haberle impresionado porque, al fin, me otorgó la visa.

Al salir del consulado, me topé con una mujer que llevaba una niña en brazos. Lloraba y musitaba: "Ese canalla nos negó la visa, sin razón alguna".

Mi visa estaba otorgada, pero el despreciativo maltrato se había infligido y yo no lo olvidaría. Él también era un abusador y debía pagar.

No me apresuré pues tratándose de un extranjero la acción sería más riesgosa. Una tonta secretaria y un imbécil vendedor no le importaban a la policía, pero la muerte de un diplomático sí sería objeto de profunda investigación.

Varias tardes aguardé pacientemente su salida del consulado y lo seguí en mi auto hasta su vivienda en un lujoso barrio. Un anochecer de fríos intensos, lluvias intermitentes y calles desiertas, me adelanté a él y con mi auto bloqueé el suyo, en una esquina solitaria, de un oscuro lugar, alejado de toda vivienda.

—Muévete, cabrón, muévete —gritó imperioso desde su lujoso auto.

Yo descendí del mío, me acerqué a él y lo miré con la misma fiereza con que lo había mirado en el consulado. Él bajó un poco su ventanilla.

—¿No me recuerda? —dije y sonreí.

—No sé quién eres, pero saca tu maldito coche de mi camino —respondió irascible, prepotente.

—Soy el escritor que quiere publicar en su país.

—¿Escritor? ¿Qué escritor ni qué diablos. Mueve el coche o tendré que...

No pudo terminar la frase porque el punzante hierro que llevaba escondido en mi mano derecha atravesó la ventanilla del auto y se adentró en su sien derecha. Su mirada quedó clavada en mí, quizá preguntándome el por qué de todo aquello o si yo en verdad lograría publicar en su país.

Con calma retiré el hierro y fui hasta mi auto. En los alrededores nadie. Otro miserable maltratador había recibido su merecido, pero esta vez no dejé mi acostumbrada tarjeta.

El vuelo en la única aerolínea en la que se podía viajar fue un asco. La comida poca y mala, los asientos estrechos e incómodos, las aeromozas desatentas y haraganas. Quizá a mi regreso también ajustaría cuentas con ellas. Pero qué esperar de aquella compañía de aviación, una de las peores del mundo, sólo superada en mala calidad por las líneas de Tuvalú.

Tuve suerte. Otro anochecer de tristes lluvias me encontré en la estación del metro con la editora jefe, la misma que nunca se había tomado la molestia de responderme.

Al llegar al país, lo primero que hice fue informarme sobre ella y pronto confirmé que no contestaba los correos de los escritores de primeras obras. A causa de ese grosero rechazo, y seguramente, por otros similares, ya dos se habían suicidado.

Era alta, de nariz como garfio de pirata y manos de atracador nocturno.

—Hola —le dije dulcemente. Siempre he afirmado que se debe ser muy amable en las presentaciones.

Sus piratescos ojos me recorrieron de arriba abajo, sopesando quién sería el hombre mal vestido que la abordaba en medio de la noche en el extremo del andén de una estación totalmente desierta.

—¿Te conozco? —dijo recelosa.

—Espero que sí.

—No te recuerdo.

—Soy el autor de *Asesinatos 3*. Le escribí, hablándole del libro. Incluso se lo mandé completo.

—Sí, creo recordar algo —dijo insegura—, *Asesinatos 3*. ¿Ese no es el librito donde un autor loco anda matando gente por ahí?

El sonido del tren se escuchó en las cercanías. Unos minutos más y entraría en la estación.

—Le envié 15 correos y no contestó ninguno. ¿Por que? —Quise darle una última oportunidad para que se justificara.

Su nariz engarfiada aspiró con fuerza y sus ojos me menospreciaron. Claro, yo no era un autor de fama de los que le reportaban jugosas ganancias. A esos sí les contestaba enseguida.

El tren se veía entrar en la curva de la estación.

—Vaya, vaya, es eso —al menosprecio se unió la burla— pero, hombre, no puedo contestar a cuanto aspirante a escritor me envía mensajes, ¿Sabes cuántos correos así recibo cada día?

Yo no era un aspirante, yo era un escritor, yo soy un gran escritor sin el debido reconocimiento de las editoriales y la prensa.

El tren ya entraba a toda velocidad en la estación.

Ella estaba frente a mí, a espaldas de la línea férrea, triunfadora, con aires de superioridad.

Yo no podía demostrarle el alto nivel de mi literatura, pero sí podía y pude poner mis manos sobre sus hombros y empujarla suavemente.

Probablemente no sintió nada y su última visión fue la de mi sonrisa irónica porque cayó de espaldas sobre la vía y ni siquiera pudo ver al tren que cruzó sobre ella, partiéndola en varios pedazos.

No me quedé a conocer cuántos eran y me retiré lentamente del desierto andén donde nadie nos había visto. Quizá el maquinista pudo contemplar mi leve empujón, pero eso qué importaba. Yo era uno más en una población de millones de habitantes y partiría de inmediato. No habría tiempo para identificarme ni hallarme.

De todas maneras, no me hubiese importado mucho que me identificaran y hallaran. En cualquier juicio yo habría defendido mi derecho a ejecutar a cuanto maltratador que se cruzara en mi camino.

A mi regreso me encontré con un país conmocionado. La prensa no había hablado de mis ejecuciones ni de las tarjetas que dejaba sobre los ejecutados, pero ¿cuándo la prensa se ha hecho eco de las informaciones verdaderamente importantes? En cambio, la noticia se había propagado boca a boca, oído a oído, y todos sabían, de una forma u otra, de mis ajusticiamientos.

—¿Ya oyó usted hablar de los asesinados por el vengador de los maltratados? —me preguntó mi vecina, una señora gorda, teñida de rubio.

—Asesinados no, ajusticiados —la corregí.

—Eso, eso, ajusticiados —dijo sonriente— que Dios me perdone, pero creo que se lo merecían. Basta ya de maltratos.

Aquellas palabras sonaron a música celestial en mis oídos y me retiré complacido. El pueblo comenzaba a comprender lo justo de mi conducta. Yo era un Robin Hood moderno.

Por un tiempo, los abusos disminuyeron y yo pude dormir tranquilo, pero, apenas parar yo mi tarea, recomenzaron con mayor intensidad. Tuve que aplicarme y en unas pocas semanas ejecuté a unos cuantos miserables, entre ellos un banquero estafador, un abusador de niños, un maltratador y gritón chofer de ómnibus y hasta un insensible médico. Junto a cada uno dejé mi correspondiente tarjeta en la que estaba escrito " El vengador de los maltratados"

Tantos ajusticiamientos hubo que la prensa no pudo ignorar más el hecho y tuvo que publicar una nota en la que se explicaba brevemente lo sucedido y se pedía cooperación a la población para mi captura. Todos los agentes, espías, informantes, delatores, burócratas empedernidos y demás gentuza gubernamental, se movilizaron en mi búsqueda. Me sonreí. Nunca me atraparían porque el pueblo me apoyaba, me idolatraba. Yo era su ídolo, el único que lo protegía contra los desmanes y abusos de los canallas.

—¿Ha oído usted hablar de… —me susurró otra vecina— Dicen que tiene poderes sobrenaturales y por eso nunca lo apresarán. Se puede convertir en pájaro y escapar volando. Por fin llegó alguien así. Es un regalo del Santísimo.

—Qué suerte, tener a uno así que nos defienda de esos miserables —me comentó un viejo maestro—, desde hoy todo será distinto.

—Con ese loco por ahí, hay que andarse con pies de plomo —me dijo el carnicero ladrón que robaba en el peso de la carne vendida. Ya lo tenía en mi lista, pero últimamente había dejado de robar.

Nunca me había sentido tan satisfecho. Yo era el justiciero del pueblo. A tal ritmo pronto nos veríamos libre de abusadores y canallas similares. Todo marchaba sobre ruedas. La ciudad comenzaba a adecentarse, pero no a limpiarse. Aquella era otra tarea que pronto yo acometería. Liquidar a los emporcadores del medio ambiente.

Una gran satisfacción me la dio la noticia de que, como yo, otros también hacían lo mismo. Nuevos ajusticiados aparecieron en la ciudad, con la correspondiente tarjeta al lado, pero no era mi trabajo, sino el de desconocidos seguidores de mi ejemplo que me copiaban.

Eso me llevó a un nuevo proyecto, crear una liga internacional de ajusticiadores de los abusadores, de la cual yo sería, por supuesto, el presidente.

Una mañana recibí una carta. Un editor me había respondido y se mostraba interesado en *Asesinatos 3*.

Por un tiempo, abandoné mi labor de justiciero y me concentré en la revisión de Asesinatos 3. No comía, apenas dormía, no hablaba con nadie y me hice más huraño que nunca. Una noche, decidí descansar y salí a estirar las piernas. No recuerdo a dónde fui. Caminé y caminé, sin rumbo, y, sediento, entré en un bar cualquiera. Estaba lleno y tuve que abrirme paso, un poco a la fuerza, hasta la barra. En mi trayecto, empujé, descuidadamente, sin querer, a un hombre que me miró con furor.

—Oiga, tenga cuidado —protestó.

No presté atención y, sin responder, continué mi marcha hacia la barra. Me senté y ordené una cerveza bien fría. Necesitaba descansar y aclarar las ideas sobre mi libro. *Asesinatos 3* debía ser perfecto. Tenía que demostrarle a Fuente que yo era un gran escritor, bien cuerdo. Bebí mi cerveza fría y maduré mis planes.

De tan abstraído, no noté que alguien se sentó a mi lado.

—Oiga, mire por dónde camina. Me empujó en la puerta y casi me caí. Casi que me hiero —dijo la misma voz irritada, pero débil, de un minuto atrás.

Pude haber respondido que lo sentía y que me disculpaba. No lo hice y contesté lo primero que me vino a la mente. Y lo que me vino y dije, sin mirar a la persona, fue "No me moleste, idiota, no ve que estoy concentrado en mis grandes ideas".

Efectivamente, en aquel instante yo estaba decidiendo en quién caería mi próximo ajusticiamiento, si en un periodista o en un político.

Sólo después de pronunciar aquellas palabras fue que me volví y miré a la persona que me había hablado. Era un individuo pequeñito y tan debilucho que más bien parecía un niño. A mi lado parecía un pigmeo.

Sin responderme me miró de arriba abajo con mucho resentimiento. Enseguida se levantó y se marchó. Oí que musitaba algo para sí que no entendí.

No le presté mayor atención y terminé de beber mi segunda cerveza. Cuando la tercera ya estaba en mi interior, decidí que cambiaría el final de *Asesinatos 3* contando la ejecución del político. Me sentí satisfecho. Aquella era una velada muy productiva, me dije, pagué y salí.

La noche era esplendorosa, con todas las estrellas del firmamento sobre mí, iluminándome, y caminé sin prisa, pensando en que la suerte me sonreía.

En la intersección de dos calles, tuve la sensación de que alguien me seguía. Me volví y, por un segundo, me pareció ver que una persona se ocultaba en las sombras. Proseguí mi camino y al llegar a mi casa me volví y de nuevo sucedió lo mismo. Esta vez retrocedí sobre mis pasos, pero no encontré a nadie. Sin embargo, estaba seguro de que alguien me espiaba. Regresé y fui a mi casa. Desde allí, aparté un tanto las cortinas de la ventana y espié. Entonces sí lo vi. El hombre pequeñito del bar estaba a unos treinta metros de la mansión y la observaba con detenimiento. ¿Qué pretendía aquel miserable que me espiaba? Furioso salí al balcón y le grité con fuerza: "¿Quién eres sucio pigmeo? Sal, acércate, déjate ver". La figura desapareció y las sombras no respondieron. Silencio absoluto. Corrí las cortinas, pero me quedé observando a través de un resquicio de ellas. No lo vi, pero estaba seguro de que el hombre seguía allí. Mi instinto me lo decía. Después de dos horas de observación fui a mi buró y recomencé la escritura de *Asesinatos 3*. Estuve escribiendo hasta las cuatro de la madrugada, hora en que volví a la cortina. La noche era impenetrable, pero estoy seguro de que el pigmeo seguía allí, entre las sombras, velándome, espiándome, quizás con un arma en la mano.

Un sueño

Pensando en mi proyecto de búsqueda de Cristo, me acosté muy tarde y tuve un extraño sueño. Me hallaba en mi cuarto y me vi, no, no me vi, no me podía ver. Sentí que estaba en lo alto, muy en lo alto, como si flotara en el aire. Debajo, sobre la cama, había un cuerpo, inmóvil, inerte, los ojos abiertos y con una leve sonrisa. Era yo, sin duda, pero me sorprendieron mis ojos abiertos y la sonrisa. Al quedarme dormido tenía los ojos cerrados, sin duda, y no sonreía. Sonreír dormido es posible, pero los ojos abiertos no. ¿Cuándo, en el sueño, los abrí? Me llamé, es decir, quise llamar al cuerpo que estaba tendido en la cama, pero la voz no salía de mí.

No podía hablar, pero sí moverme. Lo hice flotando. Descendí un poco y vi mejor el cuerpo. Tenía las manos cruzadas sobre el pecho. En los ojos, muy abiertos, había tranquilidad y dulzura y la sonrisa era infantil. Intenté tocarlo, pero no me fue posible. Había perdido el sentido del tacto. Él, el cuerpo, estaba totalmente inmóvil. En ese instante llegó hasta mí una lejana música. Había perdido la voz y el tacto, pero conservaba la vista y la audición. Reconocí la música, la *Sonata para piano No. 2* de Chopin, mi obra preferida, junto con la *Pequeña serenata nocturna* de Mozart.

Me dejé llevar por la melodía y, girando por la habitación, comencé a bailar. Oh, Dios, qué feliz fui, como nunca antes. De mi memoria desaparecieron todos los agravios y canalladas sufridos a lo largo de mi existencia. Libre de preocupaciones y odios, sólo me importaba aquel instante divino en el que me adentraba.

De repente, la música cesó, se abrió la puerta, en la habitación entró Esperanza que se echó sobre mi cuerpo y comenzó a llorar con un llanto inconsolable. Yo conocía ese llanto, fue el mismo que tuve cuando me derrumbé sobre el cadáver de mi madre, tendida sobre una cama en otra habitación de esta misma mansión.

Pobre Esperanza. Cuánto me quería. Se aferraba a mi cuerpo, como si no quisiera separarse nunca de él. Y yo que, a veces, llegué a gritarle.

Entonces, lo comprendí. Tonto de mí, cómo no lo entendí desde el primer momento. Yo estaba muerto. Sobre la cama se hallaba mi cadáver y yo era... un espíritu. La palabra me sobrecogió.

No, no podía ser. Aquello tenía que ser un sueño. Pero si sueño era, muy dulce debía ser, como para no querer ver nunca más la vida. Recordé una copla aprendida muchos años atrás: "Ven muerte/tan escondida/que no te sienta venir /para que el placer de morir /no me devuelva a la vida".

¿Pero de qué había muerto? Con seguridad, de un bello y relampagueante infarto.

Tras Esperanza, que proseguía en su incansable llanto, entraron un hombre, probablemente un policía, y una vecina, chismosa y enredadora, la misma que, desde la ventana de su casa, espiaba a todos los vecinos, sospechosos de ideas diferentes, la misma que hacía informes contra mí para mis enemigos secretos.

¿Quién los había llamado?

La chismosa informante fue hacia Esperanza y trató de apartarla de mi cuerpo.

El policía dio una vuelta por la habitación y se detuvo delante de la cómoda sobre la que había una hoja de papel que él tomó con avidez y leyó a media voz.

"No se culpe a nadie de mi muerte", dijo con lentitud y voz pastosa mientras tocaba un pomo de barbitúricos, vacío, junto a la carta.

¿Entonces yo me había suicidado, tal y como había anunciado en mi Cuaderno?

Pero no recordaba que, antes de dormir, yo hubiese tomado nada y mucho menos firmado tal carta. Pero allí estaban carta y pomo como pruebas irrebatibles.

¿Y si mis eternos enemigos hubiesen penetrado en la habitación y, de alguna manera, me hicieron ingerir barbitúricos y falsificaron mi firma? Todo era posible, tratándose de gente tan pérfida y rencorosa que nunca perdona. Pero, en ese caso, las hormigas me habrían avisado y, además, mi semblante no tendría tan dulce expresión, de satisfacción ante la muerte.

Fuera como fuera, estaba muerto y yo no hacía nada en aquella habitación. Esperanza se encargaría de mi cuerpo y de todos los otros detalles. Dinero no le faltaría pues tuve la precaución de hacer testamento y dejarle parte de mi fortuna, al igual que la casa. Otra cantidad la destiné a la creación de un centro para el estudio, ayuda y conservación, de mis amigas las hormigas.

Ahora que muerto era, ¿renacería en otro ser, como predicaba mi amigo Doshi? ¿Volvería como hormiga? La idea no me desagradó, pero aquello no lo decidiría yo. Por de pronto, debía conocer a otros espíritus y, sobre todo, comunicarme con Dios para rogarle le diera un tiempo más de supervivencia a la humanidad.

¿A quién encontraría? ¿A Jahve? ¿Alá? ¿Brahma, Visnú, Shiva? ¿Odin? ¿Zeus? ¿Cómo llamarle?

Quizá todos esos nombres corresponderían a un sólo ser, único e inefable, con un nombre secreto, que pronto me sería revelado.

Me llamó la atención la ausencia allí de otros espíritus, iguales a mí. En casa tan antigua como la mía, con más de cien años de construida, donde habían fallecido muchas personas, deberían morar más de un espíritu que me dieran la bienvenida, me instruyeran en las secretas cosas y me condujeran por ocultos, para mí, senderos. Sin ellos, yo estaba perdido, desorientado, como en las calles de una gran y desconocida ciudad.

Pero ni mis padres, ni mis abuelos, ni mis viejos sirvientes, se presentaron para consolarme y abrazarme. Tampoco acudieron el Barón Rojo, ni el Conde Zulueta, anteriores propietarios de la mansión.

Quizás todos habían reencarnado en otros seres, como en aquel gato pardo que ronroneaba en el jardín, o el perro blanco que jugueteaba en el patio o en el zunzún que libaba entre las flores de los mangos.

Ya aparecerían; tiempo habría para encontrarnos, me dije e instintivamente me miré la muñeca en busca de la hora en mi reloj. Para mi sorpresa, no había muñeca, ni reloj. Yo no tenía cuerpo, era solo un pensamiento. Tampoco había hora ni tiempo. El tiempo no existía, era una dimensión ajena a mí, sólo para los cuerpos vivos.

El tiempo no existía, pero, sin saber por qué, me dije que debía apresurarme. Con sólo pensarlo me vi en el exterior de la casa. Afuera, una muchedumbre se arremolinaba junto a la ambulancia que me llevaría a la morgue y entorpecía el paso de la camilla con mi cuerpo. Todos pugnaban por tocarme, pero la policía, a veces de mala forma, lo impedía. Muchas mujeres lloraban y se santiguaban.

"Qué hombre, qué hombre, se nos fue.", decían algunas y movían sus cabezas.

"Cuánto sufrió", decían otras y se secaban los ojos.

"Y todo por culpa del maldito de…", cuchicheaban unas y, por mucho que me esforcé no pude escuchar quién fue el maldito, pero supuse de quien hablaban.

"Lo echaron a un lado, lo humillaron, lo ignoraron, por eso murió como murió", refunfuñaba una anciana que logró tocarme con el dedo.

Me sentí confundido. ¿Cómo aquellas mujeres desconocidas sabían que yo sufrí y que fui ignorado? Sólo Esperanzita podía haber dado tal información.

Más y más personas llegaban y pronto no sólo la casa y el portal, sino toda la calle estuvo ocupada. El llanto de las mujeres se hizo más intenso. Resonaron los gritos de los hombres y de muchas mujeres, pidiendo castigo por mi muerte y por todo el mal que se me había hecho.

Pronto hubo un tumulto que impidió que la ambulancia con mi cuerpo pudiera partir. La policía intentó, sin lograrlo, dispersar a la multitud. A los lejos se escucharon las sirenas de los autos policiacos que se aproximaban.

"Canallas, canallas", gritó una anciana a los policías, que ya no sabían qué hacer.

De súbito, un hombre tomó una piedra y la lanzó contra uno de ellos que, al verse agredido, disparó al aire con su pistola. Un compañero suyo hizo lo mismo. Entonces fue el caos. Mientras unos trataban de escapar, atropellándose, otros se enfrentaron con palos y piedras a los policías que respondieron con más disparos, esta vez no al aire.

Una mujer y un hombre cayeron ensangrentados, al igual que un policía. Los camilleros se escondieron debajo de la camilla donde estaba mi cuerpo y no hicieron nada cuando varias mujeres lo alzaron, como un trofeo, y corrieron con él sobre sus cabezas a través de la muchedumbre que les abrió paso.

"Es nuestro, es nuestro y no dejaremos que se lo lleven", gritaron las mujeres, cercadas por policías recién llegados.

No quise ver más aquella situación de la cual yo era, sin duda, culpable y aprisa me alejé del lugar. Atrás quedaba mi cuerpo que ya no sonreía y una muchedumbre enardecida.

Sin ninguna dificultad, me deslicé por el espacio y pronto estuve sobre un mar sereno e intensamente azul. Hasta donde mi visión alcanzaba no divisé ninguna embarcación. El mar desapareció y fue sustituido por una solitaria playa y luego por un bosque y este por una inmensa ciudad de luces centellantes, en una de cuyas grandes avenidas me detuve.

Para mi sorpresa, no vi a nadie allí ni en ninguna de las otras muchas avenidas y calles que recorrí. Tampoco en las decenas de edificios, todos con las puertas abiertas, en lo que entré. ¿Qué era aquello? ¿Una ciudad muerta? ¿Sus habitantes se habrían marchado para un sitio más acogedor? Pero si se marcharon, ¿por qué dejaron las luces encendidas y las puertas abiertas? Quizá habían muerto, repentinamente, durante un explosión atómica, pero, si así hubiese

211

sido, sus cadáveres tendrían que hallarse por todas partes y, lo más importante, sus espíritus deberían estar vagando a mi alrededor, como ánimas en pena. A ninguno vi y comencé a inquietarme. Me asaltó la dolorosa idea de que, de nuevo, estaba sólo, pero esta vez mucho peor porque si antes tuve la compañía de gente ignara y desagradable ahora nadie me acompañaba.

Todo el día vagué por la ciudad sin haber encontrado un alma y, cuando la luz del sol se replegaba y las sombras comenzaban a envolverme, me detuve en una inmensa plaza, desierta como todas las otras. Ya no me importaba encontrarme con alguien. Me importaba encontrarme con Él.

"Señor, ¿dónde estás? Hazte presente", pensé con toda la energía de mi ser inmaterial, pero nadie me respondió.

Entonces, lo vi. Estaba a unos veinte metros, y miraba hacia mí con ojos tristes, tan tristes como pueden ser los de un perro abandonado y solitario. ¿Sería capaz de verme?

Era todo blanco y parecía manso, pero cuando me le acerqué retrocedió, sin dejar de mirarme, y echó a caminar fuera de la plaza. Lo seguí un largo trecho, durante el cual él se volvía y me observaba. Así estuvimos un buen tiempo, hasta que desapareció en unas oscuras callejuelas.

Sentí la necesidad de marcharme y me desplacé, hacia otros lugares. De nuevo, el mar, los bosques, ahora el desierto, más bosques y desconocidas ciudades estuvieron debajo de mí.

En una de ellas, y en otra gran plaza, también desierta, me detuve y de nuevo invoqué al Señor, sin obtener respuestas. Esta vez no me sorprendí por la presencia de un enorme gato negro que me observaba con curiosidad desde la puerta de una vieja mansión al que acompañé hasta que desapareció tras los muros de una vivienda en ruinas.

Mi tercera parada fue en una pequeña ciudad a orillas del mar con una plazuela acogedora y silenciosa, sembrada de geranios, en la que topé con un mono de larga cola y brillantes ojos.

Esta vez no hubo invocación ni intentos de encontrar a nadie. Comprendí que en ese mundo, a donde había ido a parar después de mi muerte, no se encontraba Dios y yo me hallaba tan sólo como en mi anterior vida. Quizá debería volver a morir para alcanzar el sitio donde pudiera hallarlo. Pero, si ya yo era un muerto, un espíritu sin cuerpo ¿cómo morir? No podía ahorcarme, ni envenenarme, no podía hacer nada para matarme.

Un pensamiento me asaltó. Si, por algún mecanismo desconocido, lograba acabar mi actual existencia y pasar a otro plano, ¿estaría el Señor en él? ¿Cuántas veces tendría que dejar de ser y volver a ser para hallarlo?

Cansado, frustrado, seguí, por costumbre, al mono que no se perdió en callejuelas ni en una vivienda, sino que me condujo por la orilla de un río, hasta la entrada de una pequeña caverna. Allí se detuvo. Me miró un instante, con sus ojos saltones, y enseguida penetró en la gruta. Le seguí y de repente me encontré en un largo túnel al fondo del cual se veía una intensa luz blanca. Él está allí, me dije. Fui hacia la luz y entonces sentí que algo me agarraba y me arrastraba con fuerza hacia atrás. Grité y esta vez sí hubo sonido.

Un sonido intenso, vibrante que me hizo despertar, bañado en sudor y pálido. Quise llorar, pero no pude. A mis gritos acudió Esperanza que me abrazó tiernamente, como a la criatura que soy, un loco que siempre estará sólo, no importa el mundo donde se encuentre.

Lo que dirán de mí

¿Qué dirán de mí cuando estos Proyectos se conozcan públicamente. Mis muy pocos amigos quedarán deslumbrados y vendrán a felicitarme, pero mis enemigos, muchos por cierto, que me persiguen a toda hora, hincarán sus filosos dientes en mi cuerpo, arrancarán pedazos de mi carne, la masticarán, la tragarán, se alimentarán con ella, se fortalecerán, se irán a dormir y cuando despierten volverán por más. Así, una y otra vez, hasta que de mí sólo queden los huesos, pero hasta los huesos los introducirán en una trituradora de la cual saldrán convertidos en polvo. En eso me convertiré, me convertirán, en polvo y todo por pretender la dicha de los humanos.

Algunos no creerán nada de lo que he escrito. Dirán que son mentiras mías, de un orate, que nuestro amado Jesús no ha muerto y anda escondido en algún rincón de este espantoso planeta o que yo me haya encontrado con Catafito, Barrabás y Luzbell.

Me importa poco que me crean o no.

Los falsos literatos, inútiles emborronadores de cuartillas, me fustigarán con sus palabras y gritarán, una y mil veces, que la literatura impresa (o en cualquier otra forma) es inmortal, cuando la triste realidad es que apenas le quedan unos años de vida antes de ser borrada y olvidada por los fans de los antros, de Supermán y del reguetón; igual harán los historiadores que escribirán decenas de nuevos libros para rebatirme y demostrar la inmensa importancia de los estudios históricos. Eso dará a lugar a cientos de tesis de doctorado, y a miles de conferencias y simposios dirigidos contra mí.

Denostarán de mí los conyugues con 30 años de casados que jurarán ser felices, pero todos sabemos que la mayoría se odia a muerte y maldice la hora en que se conocieron.

Me perseguirán los gremios de médicos y abogados que me acusarán de propiciar y alentar la muerte de infelices ancianos, de pobres enfermos y millones de desencantados con la vida.

Los lingüistas, gramáticos, y demás gentecilla academicista clamarán por castigos contra mí por pretender eliminar un inútil y fosilizado lenguaje.

Los jueces abrirán procesos para condenarme por incitación a la violencia.

Los ingenuos optimistas y los burócratas me retiraran el saludo.

Las hordas de nuevos estalinistas y nazistas irán tras de mí para apalearme.

Todos consultarán con Fuente Fontana y él les informará que mis declaraciones y maravillosos planes no tienen importancia porque soy un demente paranoico a quien nadie tomará en serio, pero ellos no le creerán y vendrán contra mí.

Lo importante es que los hambrientos, los que no le encuentran sentido a la vida, los ofendidos, los maltratados, los conyugues hastiados uno del otro, los seguidores de Cristo vivo, los que no quieren la destrucción del mundo, ni a los animales en cautiverio, sí me comprenderán, me bendecirán y me considerarán su nuevo profeta.

Los que me persiguen y vigilan ya me cercan. Debo apresurarme y desaparecer.

Venderé todos mis bienes. A la querida Esperanza le daré una buena cantidad. La otra la guardaré en un lugar secreto. El resto la llevaré conmigo.

¿A dónde iré? No lo sé. Con mis amigas las hormigas no podré esconderme. Muchos saben mis relaciones con ellas, me delatarán, y pronto vendrán por mí. Quizá me refugie en el viejo monasterio de Heiligenkreutz. Quizá me reúna con Bhanwarlai Doshi y le pida amparo. No me lo negará y me haré monje jainista. Llevaré una maravillosa existencia, meditando en nuevos Proyectos.

Otra posibilidad será internarme en las selvas de Borneo y perderme para siempre en ellas. Allá hay hormigas que me recibirán con gusto y me ofrecerán su hospitalidad. El que sí puede encontrarme es Luzbell. Eso me aterroriza. Espero que no se sintiera ofendido por mi trato y se haya dado de cuenta que estaba tratando con un simple loco, uno más de los muchos que pueblan este mundo absurdo. Lo maravilloso sería que Jesús me llevase con él cuando el Señor decida barrernos de la Tierra.

...

Lo anterior lo escribí hace una semana. En estos días la claridad ha entrado en mi mente por ocultos senderos y me siento lúcido. Veo que nadie me persigue. Ese fue un dislate de mi mente enferma. Por eso quiero hacer una declaración antes de que vuelva a caer en mi anterior estado. Jamás he asesinado a nadie. Soy incapaz de hacerlo porque soy cristiano y comparto las ideas de Doshi y de la iglesia jainista. Lo escrito en *Asesinatos 3* no es más que un capítulo del libro del mismo nombre que he renunciado a publicar. Aunque es una obra maestra, sólo agrega violencia a un mundo violento. Si lo escribí, antes de conocer a Doshi, fue, quizá, por oscuras razones de mi disparatado cerebro o por buscar un inútil y frívolo éxito de ventas de lo cual me avergüenzo ahora. Quemaré el manuscrito o pediré que lo quemen. Otra aclaración, nunca fui agente de ninguna agencia secreta. ¿Quién iba admitir en ella a un loco como yo? Tampoco busqué a Cristo, ni me encontré con Barrabas ni con Satanás. Esas fueron unas de mis tantas alucinaciones y disparates.

Loco o no he decidido desaparecer.

Espero que me comprendan, me perdonen y me recuerden con amor. Mis amigas, las hormigas, lo harán y me darán refugio.

Santa Emilia-Fuente Fontana

—Y bien, ¿qué se sabe de él? —pregunté y bebí un trago de mi whisky preferido, Johny Walker, etiqueta negra. Estábamos en la terraza de mi casa, al atardecer de un caluroso y abrumador 12 de agosto. Al llegar Fuente, mi mujer, eficiente y silenciosa, nos trajo una bandeja con bocaditos y bebidas. Enseguida fue a ocuparse de otras actividades caseras. Maravillosa esposa. Llevamos quince años de casados y y estoy seguro que a los veinte no se cumplirá lo anunciado por Trase en su escrito sobre los matrimonios.

—Absolutamente nada —respondió Fuente— Después de que me envió *Asesinatos 3* no se ha vuelto a comunicar conmigo.

—¿Y de los supuestos asesinatos qué se ha conocido?

—Como tú dijiste, no hay ninguna noticia de muertos en la ciudad con carteles vengadores junto a ellos. Tengo un amigo, alto oficial de la policía que me lo ha confirmado —Fuente hablaba con tono profesional.

De la bandeja, tomó unos cacahuates y yo bebí otro trago.

—¿Y Esperanza que dice?

—También desaparecida. Ningún vecino la ha visto. La casa está cerrada. Sólo una anciana me dijo haber visto entrar a un hombre, al parecer extranjero, muy bien vestido y con un bastón de empuñadora dorada. Al pasar por su lado la saludó en un extraño idioma que ella no conoce... Luego, según la anciana, desde la casa llegaron gritos, como si se discutiera.

Fuente calló para beber un sorbo de cerveza.

—¿Y...?

—Sus palabras no me merecen confianza, no sólo porque ella parece estar decrépita y medio sorda, sino porque, me pregunto, cómo es posible que escuchara gritos si la residencia de Trase se encuentra muy aislada.

—Muy extraño.

—Pero el asunto no termina ahí.

—¿Hay más?

—Mucho. Otra vecina, a la que también le pregunté, me dijo que un par de días atrás, vio a Esperanza entrando a un restaurante, acompañada por un caballero de edad madura, muy elegante.

—¿Y el hombre era pelirrojo? —exclamé sorprendido.

Fuente no respondió de inmediato.

—La vecina no me supo decir. Ella iba en un auto y fue una visión muy rápida. Tampoco me pudo decir si el hombre tenía barbita. De lo que sí estaba segura era de que se trataba de Esperanza y de que el hombre la llevaba tomada por el brazo con mucha delicadeza y se sonreían.

—¿Entonces?

—Entonces estamos en las mismas. La mujer dice haber visto a Esperanza, pero no sabemos qué se ha hecho de Trase.

El tercer trago de whisky disparó mis neuronas y las preguntas sospechosas.

—Pero Trase puede estar dentro de la mansión, maniatado o muerto.

Más cerveza fue a hacia la boca de Fuente que se secó los labios con una servilleta blanca.

—¿Por qué? Eso no tiene sentido.

Me puse de pie y me sentí inquieto.

—Esperanza y el hombre que no es otro que…

Fuente rió y movió las manos.

—Satanás. ¿Todavía crees en esas historias de Trase que dice haber hablado con el Diablo, con Barrabás y Catafito? Esas no son más que alucinaciones de un orate. No es mi primer caso así. Tuve uno que afirmaba hablar con Santa Bárbara y San Lázaro.

—No iba a decir eso —exclamé muy serio— sino que no es otro que un ladrón. Entró en la casa con ayuda de Esperanza; robaron, Trase los descubrió...
—¿Y?
—Lo mataron y dejaron el cadáver dentro de la casa o, peor, lo han desaparecido.
Nueva risa de Fuente.
—Bien se ve que eres novelista. Esperanza adoraba a Trase y sería incapaz de hacerle el más mínimo daño.
—No es para risa —me impacienté—. En su último mensaje, Trase mismo reconocía que tenía muchos enemigos que lo odiaban por sus disparates y podían agredirle; también un hombre lo espiaba.
—Tonterías.
—Creo que debemos avisar a la policía.
—Haremos el ridículo. Además, ¿cómo sabes si tenía muchos enemigos? Nadie conoce sus fantásticos proyectos. Como buen loco, Trase anda escondido o vagando por algún lugar. En algún momento reaparecerá.
Me senté y sonreí.
—Ahora el equivocado eres tú.
Fuente me miró muy serio.
—¿Qué quieres decir?
—Que he colgado en la red toda la historia de él y sus propuestas. Ya todos las conocen y es un hombre famoso.
—¡¿Pero qué has hecho? ¡No debiste hacerlo. Es un caso mío y aún no está cerrado —Fuente se veía molesto.
—Sí, tengo derecho a que esos proyectos, locos o no, sean conocidos en todo el mundo.
—Nadie le hará caso, nadie le leerá. Es un loco.
No pude contenerme. Me levanté y fui hasta mi computadora.
—¿Así que nadie le leerá? ¿Y esto qué es?
Abrí la computadora y busqué la página donde había colgado a Trase.

—¿Sabes cuántas personas ya han visitado su página y respondido ?

—No tengo idea —Fuente estaba sorprendido.

—5000 y mira lo que dicen.

En las blancas páginas de la computadora aparecieron los mensajes.

Leí algunos en alta voz.

—*Bravo, Trase.*

—*Estamos contigo.*

—*Sigue escribiendo tus maravillosos proyectos. Ojalá que pronto todos se aprueben.*

—*Vivan los duelos. Voy a retar a todos los canallas que me rodean.*

—*Abajo los burócratas insensibles. Necesitamos un mundo sin la canalla burocrática. Trase tú nos has mostrado el camino.*

—*Admirado Trase, me uniré a ti en la búsqueda de Jesús. Espero que aún estemos a tiempo de encontrarlo y convencerlo*

—*Querido Trase. Los locos como tú somos los verdaderos cuerdos que cambiaremos el mundo.*

Al anochecer, nos separamos Fuente y yo con un abrazo. Se fue mi amigo y al quedarme sólo me pregunté quién era, en realidad, Antonio Trase y si sería cierto todo lo que había contado. Creo que nunca tendré una respuesta verdadera.

Índice

Conversación con el Dr Fuente Fontana	3
Todo empezó por las hormigas	9
De los matrimonios	17
En busca de Jesús	25
De los duelos	33
Llamada de Fuente Fontana	39
Liquidación de los historiadores y de la historia. Auge del futurismo.	41
Mi encuentro con Catafito	47
El día del ajuste de cuentas o el regreso al oeste americano	53
La gran risa	57
Mi duelo con el Barón D`Artagnan	61
Los literatos y sus libros	67
Conversación con Fuente Fontana II	73
El lenguaje de los números	75
La llegada de Luz-Sat	81
Del consumo y los consumidores	95
En la isla de Palmerston	99
Una modesta propuesta para acabar con el hambre y los hambrientos	117
Llamada a Fuente Fontana	125
Del suicidio y los suicidas	127
La extraña enfermedad de los burócratas	135
De los optimistas	147
Espíritus	155
En el antro	165
Animales salvajes	175
Paz	181
Barrabás	187
La visita nocturna de Fuente Fontana	193
Un sueño	207
Lo qué dirán de mí	215
Santa Emilia-Fuente Fontana	219

Made in United States
Orlando, FL
06 April 2023